L'institution du Défenseur des droits

Collection « Inter-National »

dirigée par Denis Rolland, Joëlle Chassin
Françoise Dekowski et Marie-Hélène Touzalin

Cette collection a pour vocation de présenter les études les plus récentes sur les institutions, les politiques publiques et les forces politiques et culturelles à l'œuvre aujourd'hui. Au croisement des disciplines juridiques, des sciences politiques, des relations internationales, de l'histoire et de l'anthropologie, elle se propose, dans une perspective pluridisciplinaire, d'éclairer les enjeux de la scène mondiale et européenne.

Dernières parutions

Elodie REMY, *Réfugiés : l'hébergement chez des particuliers. Des liens qui rendent libres ?*, 2020.
Garik GALSTYAN, *L'écologie en Arménie, Le lac Sevan et l'émergence du mouvement écologiste,* 2020.
Miguel SUAREZ BOSA, *Le port de Casablanca au XXe siècle. Une source de développement pour le Maroc*, 2019.
Guy LORANT, *Les ambiguïtés de la démocratie participative, De Porto Alegre aux Gilets jaunes,* 2019.
Despina TOMESCU, *Roumanie histoire d'une identité*,2019.
Jean KUDELA et Bernard LORY (dir.), *Le regard sur l'autre en Europe médiane,* 2019.
Rubenilson *BRAZAO TEIXEIRA,* avec la participation d'Edja Trigueiro, *Des deux côtés de l'Atlantique : Natal-Dakar dans une perspective comparative*, 2018.
Jules DURAND, *Lettres de prison- septembre 1910-février 1911*, 2018.
Félix PAVIA, *Mexique : la guerre perdue contre le narcotrafic*, 2018.
Laurie SERVIÈRES, *Colombie : la paix comme levier politique internationale, 2018.*
Antonia AMO SÁNCHEZ, Marie GALÉRA, *Métissage de la création théâtrale. Amérique hispanique/Espagne/France*, 2018.
Tristan LEFORT-MARTINE, *Des droits pour la nature ? L'expérience équatorienne*, 2018.

Jean-Luc Mathieu

L'institution du Défenseur des droits

Préface de Jacques Toubon,
Défenseur des droits

L'Harmattan

Du même auteur

Doriot et le parti populaire français, Institut d'études politiques de Paris, 1956.

Initiation aux faits économiques et sociaux, Fernand Nathan, 10 vol., 1967 à 1971, en collaboration.

Les institutions spécialisées de l'ONU, Masson, 1977.

La Communauté économique européenne : marché ou État ?, Nathan, 1990.

Migrants et réfugiés, PUF, coll. « Que sais-je ? », 1991.

Histoire des DOM TOM, PUF, coll. « Que sais-je ? », 1993.

La défense de l'environnement en France, PUF, coll. « Que sais-je ? », 1994.

L'outre-mer français, PUF, coll. « Politique d'aujourd'hui », 1994.

Les grands problèmes de population, PUF, coll. « Que sais-je ? », 1994.

La protection internationale de l'environnement, PUF, coll. « Que sais-je ? », 1995.

La Nouvelle-Calédonie, PUF, coll. « Que sais-je ? », 1995.

L'insécurité, PUF, coll. « Que sais-je ? », 1995.

Environnement et tourisme. Un tourisme compétitif et durable grâce à un environnement pérenne, en collaboration, La Documentation française, 1997.

La maîtrise des finances publiques, Flammarion, coll. « Dominos », 1997.

La défense internationale des droits de l'homme, PUF, coll. « Que sais-je ? » 1998.

La politique fiscale, Économica, 1999.

La défense nationale, PUF, coll. « Que sais-je ? » 2002.

L'Union européenne, PUF, coll. « Que sais-je ? », 2008.

La départementalisation de Mayotte. Analyse d'une politique publique, L'Harmattan, 2015.

Voies et impasses de l'aménagement des territoires. Analyse de politiques publiques, L'Harmattan, 2016.

Prévention : quels enjeux de Santé publique ! Analyse de politiques publiques, L'Harmattan, 2018.

La Nouvelle-Calédonie sera-t-elle indépendante ? Analyse de politique publique, L'Harmattan, 2018.

5-7, rue de l'Ecole-Polytechnique, 75005 Paris

http://www.editions-harmattan.fr

ISBN : 978-2-343-19912-2
EAN : 9782343199122

Je remercie vivement Madame Sophie Latraverse, directrice au Défenseur des droits, pour l'aide qu'elle m'a apportée à maintes reprises.

Préface

En vertu de l'article 71-1 de la Constitution et de l'article 4 de la loi organique du 29 mars 2011, le Défenseur des droits veille au respect des droits et libertés par les administrations de l'Etat, les collectivités territoriales, les établissements publics, ainsi que par tout organisme investi d'une mission de service public.

La loi organique du 29 mars 2011 définit largement son champ de compétence et l'étend aux droits et à l'intérêt supérieur des enfants, à la lutte contre les discriminations, au rôle de contrôleur externe de la déontologie des forces de sécurité publiques et privées, et à l'orientation et la protection des lanceurs d'alerte.

Grâce à son réseau de plus de 500 délégués qui sont présents dans plus de 850 points d'accueil, l'institution créée en 2011 est présente sur l'ensemble du territoire, en métropole et en outre-mer, à l'écoute et au soutien de toutes les personnes qui la consultent. Elle reçoit plus de 150 000 demandes d'interventions et de conseils par an.

L'activité quotidienne du Défenseur des droits consiste à recevoir des demandes d'information et à traiter les réclamations des personnes qui considèrent que leurs droits n'ont pas été respectés. Il s'emploie à faciliter l'accès aux droits par l'information qu'il délivre, par la médiation de ses délégués et, au siège, par la mobilisation des pouvoirs d'enquête et d'interpellation qui lui sont accordés par la loi organique.

Au cours de mon mandat, j'ai pu constater que l'institution est souvent le dernier recours des personnes qui le saisissent, confrontées à des difficultés quelques fois inextricables. Mais j'en ai aussi retenu que ces 150 000 sollicitations ne sont qu'une petite partie des atteintes aux droits qui existent dans notre pays. Encore aujourd'hui, une grande majorité des personnes ne connaissent pas leurs droits, et quand elles les connaissent, ne savent ni à qui s'adresser, ni qu'elles peuvent être entendues et accompagnées, finissant par se résigner.

Pour faire avancer l'accès aux droits, il faut donc que le Défenseur des droits soit toujours plus accessible et mieux connu, année après année, par un nombre croissant de personnes.

La diffusion de la culture des droits et de la connaissance au sujet de ses pouvoirs, de ses moyens d'action et de ses résultats est l'un des vecteurs essentiels de son action. C'est pourquoi il est si important d'expliquer la façon dont se déploient ses pouvoirs tout en illustrant les ressources qu'ils offrent à chacun pour faire valoir ses droits sur l'ensemble de son champ de compétence.

Jean-Luc Mathieu, délégué du Défenseur des droits, qui connait l'institution de l'intérieur, s'est employé à en décrire les rouages et les possibilités, offrant ainsi un véritable mode d'emploi du Défenseur des droits et donc un réel instrument d'accès aux droits pour tous.

Cet ouvrage m'apparait important et à la mesure de son engagement. Je l'en remercie.

Jacques TOUBON

Introduction

Nul mieux que Jacques Toubon, le Défenseur lui-même, n'a pu situer, dans le Rapport annuel de 2017 (p 3) le rôle du Défenseur des droits dans le panorama d'ensemble des difficultés françaises :

« Le recours au Défenseur des droits, quoique inférieur à l'ampleur des défaillances et des discriminations, constitue un symptôme évident des maux collectifs dont souffrent des millions de personnes vivant en France, celles qui ont le sentiment que la République, son service public, ses lois, ses droits, ne bénéficient pas également à toutes et à tous. [...] Notre pays préfère la distinction à l'intégration, la concurrence à l'inclusion ; la pétition de l'universalité continue d'adorner les estrades publiques mais la réalité des politiques la compromet chaque jour un peu plus.

Le Défenseur des droits a ainsi vocation à protéger, par l'effectivité des droits, celles et ceux que le discours de l'identité, la rétractation de la chose publique et la tension des rapports de domination tendent à "laisser pour compte". C'est l'expérience que, souvent, nous avons de la société française. Cependant, si notre réponse comporte quelque efficacité, elle reste ténue et variable. »

C'est ce que nous allons investiguer dans ce petit livre, qui se veut un ouvrage simple de vulgarisation et non une « somme » exhaustive. Il va s'efforcer, grâce à un nombre réduit d'exemples choisis dans tous ses domaines d'intervention, de montrer comment le Défenseur des droits « comporte quelque efficacité », sans cependant omettre de présenter les limites de ses actions.

Première partie. Les antécédents

Les quatre institutions regroupées au sein du Défenseur des droits, en 2010, ont été créées entre 1973 et 2004, toutes destinées à mieux ancrer les droits dans la vie des citoyens français.

Chapitre 1. Le Médiateur de la République

De façon générique, un « ombudsman » est une institution qui vise à corriger, de façon non juridictionnelle, des fonctionnements inéquitables des administrations, qui, sans être illégaux, portent préjudice aux citoyens. Si on écarte les cas lointains (la Suède de 1809), qui n'ont guère de ressemblance avec les organismes contemporains, ce sont les démocraties voisines qui, les premières, ont créé de telles institutions : le Danemark en 1953, puis la Norvège en 1962. La Grande-Bretagne le fit en 1996, selon un modèle juridique profondément différent. Ces pays avaient une vie démocratique plus ancienne et longtemps beaucoup mieux assurée que la nôtre. La France, étant plus encline à tenter de régler les problèmes par des affrontements judiciaires que par la recherche de compromis, n'a pas fait montre de précocité.

En 1972, des propositions ont fusé de partout visant à créer une institution nouvelle ayant pour objectif de « mettre de l'huile » dans les rouages administratifs. A droite, une proposition de loi tendait à la création d'un « Haut-commissariat à la défense des droits de l'homme », placé auprès du Pouvoir exécutif. A gauche, une autre proposition de loi ambitionnait d'instituer, au contraire, un « Délégué parlementaire à la liberté ». Le Gouvernement de Pierre Messmer, en 1972, élabora un projet de loi instituant un « Médiateur ».

1. La création du « Médiateur »

Les riches débats parlementaires de décembre 1972 ont mis en lumière les conceptions variées que se faisaient les groupes parlementaires de cette nouvelle institution. Mais un large accord se fit sur la « maladministration » du pays. René Pléven, Garde des sceaux, ministre de la Justice, disait, le 14 décembre 1972, à l'Assemblée nationale :

« A cause de l'ampleur, de la diversité, de la masse des interventions de l'Etat dans la vie quotidienne des citoyens, notre administration semble parfois avoir une conception trop abstraite, je dirai presque trop hautaine, de sa mission.

Elle semble trop souvent manifester une absence d'intérêt pour les situations individuelles, pour les aspects pratiques du fonctionnement des bureaux ou des guichets, pour les conséquences humaines ou sociales de décisions souvent parfaitement fondées en droit.

Elle souffre enfin, en raison des dimensions énormes qu'elle acquiert du fait des circonstances de notre époque, de ces maux que les spécialistes dénoncent dans toutes les grandes organisations et qui sont, nous disent les sociologues, les conséquences du "phénomène bureaucratique" : lenteur, inertie, complexité, dilution des responsabilités, anonymat des décisions.

Ce n'est pas non plus que les contrôles qui pèsent sur nos administrations aient perdu quoi que ce soit de leur vigilance. Les contrôles sont nombreux. [...] Pourtant, malgré cette organisation apparemment sans faille, tous les hommes publics et tous les élus en contact avec leurs électeurs savent que le citoyen continue à se sentir désarmé devant certaines décisions administratives, désorienté devant l'anonymat des bureaux, perdu devant la complexité de la répartition des compétences, intimidé devant le recours aux tribunaux, découragé quelquefois par la durée et le coût des procédures.

Il y a donc une place, dans notre organisation administrative, pour une institution nouvelle. »

Au Sénat, le 19 décembre 1972, il complétait ainsi ces remarques : « Le sentiment arbitraire de l'administratif, en tous cas d'un certain despotisme, la sensation d'impuissance devant les décisions des bureaux, le découragement devant les procédures contentieuses trop longues et parfois trop coûteuses sont partagés par trop de nos compatriotes. [...] Il existe toute une frange d'actes et de décisions qui, sans être illégaux et donc susceptibles d'une sanction par la voie juridictionnelle, témoignent cependant d'un fonctionnement défectueux du service public et causent tout autant de désagréments et de dommages aux particuliers que des actes contraires au droit. [...] Sans condamner, sans indemniser, sans ordonner, le Médiateur devra redresser, orienter, accélérer, ce qui, sans lui, ne trouverait pas de solution. »

La loi n°73-6 ne fut adoptée, le 3 janvier 1973, que par 279 députés contre 168. Elle a instauré un Médiateur, ultérieurement rebaptisé : Médiateur de la République.

2. L'évolution de l'Institution

Originellement, le Médiateur recevait, toujours par l'intermédiaire d'un député ou d'un sénateur, juges de l'opportunité de cette saisine (agissant, par conséquent, comme des filtres), des réclamations concernant, dans leurs relations avec les administrés, le fonctionnement des administrations de l'Etat, des collectivités publiques territoriales, des établissements publics et de tout autre organisme investi d'une mission de service public.

Lorsqu'une réclamation lui paraissait justifiée, le Médiateur faisait toutes les recommandations qui lui paraissaient de nature à régler les difficultés dont il avait été saisi et, le cas échéant, faisait toutes propositions tendant à améliorer le fonctionnement de l'organisme concerné.

Ultérieurement, les pouvoirs de l'institution, qui étoffa son siège par des agents aux compétences diverses, furent étendus, principalement par la loi n°76-1211 du 24 décembre 1976, avec la possibilité :

- de proposer des solutions « en équité » ;
- et de proposer des réformes aux Pouvoirs publics, dans le souci de corriger les textes jugés inadaptés ou sources d'iniquités.

En outre, des associations et non plus seulement des personnes, furent autorisées à saisir l'institution, toujours par l'intermédiaire d'un parlementaire, disposition qui a limité le nombre des saisines.

Le décret n°88-237 du 18 février 1986 a, aussi, ouvert la possibilité d'instituer des « Délégués » dans des départements. Ils ont été officialisés par la loi, en 2000 seulement. Pendant une première période, les délégués n'instruisaient que les réclamations que le siège de l'Institution leur confiait. Ils ont progressivement constitué un réseau de plus en plus dense, à travers tout le territoire, permettant aux citoyens de les rencontrer, de les consulter puis de traiter certaines de leurs réclamations.

A la fin de 2010, le Médiateur avait 303 délégués territoriaux (certains étant spécialisés dans des thématiques particulières, les autres étant des généralistes), œuvrant dans 428 points d'accueil ; près de 150 de ces délégués étaient en contact avec des détenus dans 164 services pénitentiaires.

Enfin, le statut de l'Institution fut rehaussé. La loi n°89-18 du 13 janvier 1989 a érigé ce qui devint le « Médiateur de la République » en « autorité indépendante ».

3. Les activités du Médiateur de la République

Les tâches du Médiateur de la République ont crû tout au long des années, témoignant d'une notoriété croissante mais aussi, bien sûr, de la persistance, sinon même de l'accroissement des difficultés de tous ordres auxquelles se heurtait la population dans ses rapports avec la vaste sphère des « administrations ».

La loi attribue deux ordres de compétences au Médiateur de la République : résoudre des difficultés personnelles (en donnant des conseils et en s'efforçant d'infléchir la position des « administrations ») et pouvoir demander que des réformes modifient les règles et pratiques des « administrations ».

A. Le traitement de problèmes individuels

Lorsque le traitement d'un cas particulier montrait qu'une disposition législative ou réglementaire avait abouti à une iniquité, le Médiateur de la République pouvait proposer, pour régler un problème précis, une solution « en équité », c'est-à-dire en faisant un « accroc » à la lettre du droit mais en visant un objectif de justice. Le cas échéant, il pouvait faire des propositions visant à améliorer le fonctionnement d'un organisme concerné par des réclamations, afin d'éviter la poursuite de difficultés similaires.

Pour donner un poids particulier à ses interventions, le Médiateur de la République, à défaut de réponse satisfaisante dans le délai qu'il avait fixé, pouvait rendre publiques ses recommandations. L'organisme mis en cause pouvait, à son tour, rendre publique sa réponse, incluant, généralement, la décision qu'il prenait, en réponse à l'interpellation du Médiateur.

En 2010, dernière année avant son intégration au sein du Défenseur des droits, le Médiateur de la République avait reçu :

- au niveau des délégués : 32 393 demandes d'information et d'orientation ;
- 46 653 réclamations (donc des plaintes), dont 31 101 avaient été traitées par les délégués et 15 552 par les services centraux.

L'Institution du Médiateur de la République a été souvent le dernier recours pour les citoyens, démunis dans leurs rapports avec les services publics. Elle a joué son rôle d'intervention dans d'innombrables situations, très diverses. A titre d'illustrations, on peut citer quelques domaines (mais il y en a eu beaucoup d'autres) dans lesquels les arrangements amiables et les médiations ont été très nombreux :

- la méconnaissance de règles d'urbanisme par des élus locaux ;
- la complexité de démarches de renouvellement de cartes d'identité ;
- des difficultés résultant des incertitudes du statut d'auto entrepreneur ;
- des difficultés de malades pour accéder à leur dossier médical ;
- des verbalisations abusives lors de contraventions alléguées au Code de la route ;
- la mauvaise application, à partir de 2005, des dispositions permettant de soulager la fin de vie des malades (loi dite « Léonetti », du nom de son inspirateur) ;
- des procédures abusives dans des cas de recouvrement d'impôts.

Des dizaines de milliers de réclamations individuelles ont ainsi été réglées grâce aux interventions de l'Institution du Médiateur de la République. Selon lui, 94 % des médiations effectuées ont été couronnées de succès. A titre d'illustration, on peut donner un exemple de cette façon d'intervenir.

Un litige ayant pour objet le payement d'études préalables qui étaient nécessaires à la réalisation de diverses opérations routières en Ile-de-France, opposait l'Etat aux époux L.N, réalisateurs de ces études. Le Médiateur de la République, saisi de cette réclamation par l'intermédiaire d'un député, a appelé l'attention du ministre sur la situation de ces personnes qui n'avaient apparemment pas été payées de certaines prestations, ce qui avait des conséquences dramatiques pour leur entreprise. L'administration, après une enquête, a accepté d'indemniser les réclamants sur la base d'un protocole transactionnel.

B. La modification de règles de droit

En ce qui concerne les propositions de réformes législatives et réglementaires, il est difficile d'identifier ce qu'elles doivent aux propositions du Médiateur de ce qui résulte d'autres influences, d'autant plus que des réformes résultent généralement de propositions diverses et convergentes.

Les Rapports annuels du Médiateur de la République contenaient chaque année des « tableaux des réformes » qui indiquaient ses propositions qui avaient été « satisfaites » et celles qui ne l'avaient pas été.

On peut illustrer ici, par quelques exemples très variés, des réformes « satisfaites » en 2010 (il y en a eu 22, contre 3 « non satisfaites », pour reprendre les termes du Rapport annuel), sur lesquelles le Médiateur de la République a eu une influence significative :

- la modification des conditions d'activité pour pouvoir percevoir l'Allocation aux Adultes Handicapés (AAH) ;
- l'automatisation de l'application de la règle du solde bancaire insaisissable ;

- le renouvellement des cartes d'identité et des passeports délivrés aux Français nés à l'étranger ou dont l'un des parents est étranger ;
- le cumul des revenus d'une activité non salariée avec une pension d'invalidité ;

4. Le Médiateur, instance civique et morale

Par ses Rapports annuels mais aussi par les 64 numéros de la revue mensuelle « Médiateur actualités » (instaurée par Jean-Paul Delevoye, lorsqu'il a remplacé Bernard Stasi en avril 2004), le Médiateur de la République a constamment exhorté la Société française, à tous les niveaux, à se « ressaisir » pour améliorer le « vivre ensemble ». On relève ainsi, comme exemples, les titres de quelques-uns de ses articles :
« Pour une société vivable ». N°7 Mars 2005.
« L'environnement, notre bien collectif ». N°27. Mars 2007.
« Redonner du sens à la devise de la République ». N°28. Avril mai 2007.
« Pour une fiscalité citoyenne ». N°33 Janvier 2008.
« Liberté, égalité, laïcité ? ». N° 38 Juin 2008.
« Fraternité et solidarité pour préserver la cohésion sociale ». N° 43 Janvier 2009.
« Rétablir le contact entre les usagers et l'administration ». N°45. Mars 2009.
« Droits de l'enfant : encore des progrès à accomplir ». N°52. Novembre 2009.
« Un besoin urgent d'être écouté ». N°54. Février 2010.
« La prison est un service public ». N°63 Février mars 2011.
« Pour un réveil citoyen ». N°64 Mars 2011

5. Le « testament » du dernier Médiateur de la République

Jean-Paul Delevoye a été le dernier Médiateur de la République et le Rapport de l'Institution, de 2010, porte sa marque très personnelle. Dominé par l'exhortation à retrouver une éthique collective, exposée dans l'éditorial du Rapport, l'ensemble du document, dont sont extraits les éléments suivants, contient nombre de réflexions qui décrivent une réalité fort préoccupante, à savoir qu'au fil des années, la situation, dans le domaine des rapports des citoyens aux services publics, a plutôt empiré.

Ces pages font implicitement le constat d'une efficacité limitée de l'Institution, en raison des nombreux obstacles auxquels se heurtent les citoyens du fait de la sclérose de certaines pratiques institutionnelles et de la résistance, très répandue, devant des propositions de réforme qui seraient aussi utiles que nécessaires.

Il convient de rappeler l'essentiel de ces constats qui portent non seulement sur les années où Jean-Paul Delevoye fut le Médiateur de la République, mais sur l'ensemble des années pendant lesquelles l'Institution a tenté de faire améliorer le fonctionnement des institutions administratives.

A. La première de ces constatations porte sur l'action publique en général, champ global de compétence du Médiateur de la République

« Le bon fonctionnement de la société française ne dépend pas que des lois qui l'encadrent. Encore faut-il que celles-ci aient été conçues pour bien fonctionner ensemble et qu'elles soient facilement comprises, absorbées et applicables. Or, du texte au terrain, du principe à l'application effective, il y a parfois plus qu'un pas, souvent un grand écart. Absence de vision transversale, ambitions démesurées, manque de moyens de mise en œuvre… Les défaillances dans la conception de l'action et des politiques publiques portent préjudice aux citoyens. Par les réclamations qu'il reçoit, le Médiateur de la République dispose d'un poste d'observation privilégié pour pointer les dysfonctionnements, les oublis, les contradictions de textes qui se télescopent et les situations in-envisagées, qui laissent les citoyens démunis face à un système administratif encore trop souvent hermétique. » (Rapport 2010 p 8)

Deux points plus précis illustrent cette remarque générale.

a/ « Des politiques publiques brouillées par l'empilement législatif »

« Chaque année, de nombreuses lois, circulaires et décrets s'ajoutent et se superposent au corpus de textes déjà en vigueur.[…] Cette profusion réglementaire opacifie l'accès des citoyens à l'information et complique la tâche des exécutants, confrontés à l'incessante complexité du droit et au foisonnement de la jurisprudence. Normes à peine intégrées et déjà obsolètes, régimes dérogatoires, arrêtés qui contredisent la loi […]. A cette instabilité juridique s'ajoute aussi une instabilité des pratiques dès lors que la confusion qu'elle génère au sein des services publics ouvre la voie à des comportements administratifs inappropriés, à des difficultés d'interprétation des textes, à un durcissement de la loi, à des ajouts de conditions pour l'octroi d'avantages ». (idem p 9)

Et encore : « D'un côté, il y a les citoyens qui sont de plus en plus nombreux à se sentir démunis face à un empilement réglementaire opaque, ne bénéficiant ni de repères ni d'indicateurs pour savoir si ces textes s'appliquent à leur situation particulière. De l'autre, il y a l'administration qui se sent parfois tout aussi impuissante. […] Elle peine parfois à apporter des réponses concrètes et compréhensibles aux usagers qui l'interpellent. » (idem p 20)

b/ Des « réformes précipitées » qui provoquent des « dommages collatéraux »

« Les réformes de notre pays se font trop vite sans que les dommages collatéraux qu'elles induisent en soient suffisamment mesurés. [...] Résultat : ce sont les usagers qui font les frais de cette absence de pédagogie de la décision et de défaillances managériales et/ou technologiques. Et ce sont les agents qui sont injustement stigmatisés ». (idem p 13)

B. Une autre de ces constatations porte sur le fossé qui se creuse entre les pratiques des administrations, au sens large, et les attentes des citoyens

Le Rapport relève :

a/ Des « excès de zèle et une « application mécaniste de la loi »

« Face à la complexité des textes qui s'impose d'abord à l'agent avant de s'imposer à l'usager, le fonctionnaire n'a parfois d'autre solution que d'adopter une prudence maximale, qui finit par se révéler abusive et génératrice d'iniquités. [...] L'administration [...] préfère se déresponsabiliser plutôt que de s'exposer au risque de remise en cause, créant des points de blocage et d'affrontement. La banalisation de telles entorses donne lieu à des comportements de méfiance et d'opportunisme en décalage complet avec les missions d'un Etat de droit. En sécurisant sa décision, sa propre personne ou son service, l'agent privilégie le confort du système au détriment de celui de l'individu. » (idem p 27)

« Ceci conduit parfois à « des décisions prises au mépris de la loi. » (idem p30) b/ Des « excès de précipitation » et des « excès de lenteur » (idem p 32), dans l'application de procédures avec de sévères conséquences sur les citoyens

c/ enfin, la déshumanisation de nombre de procédures
« La standardisation des procédures, qui incite au traitement de masse, conduit à la déshumanisation. L'administration ressemble parfois à une machine à broyer tout ce qui ne rentre pas dans les cases prévues. Soumise à une logique de rendement et d'économie de moyens, elle n'est plus à même de percevoir les cas particuliers dans l'important volume de dossiers qu'elle traite. » (idem p 36)

*

* *

Au moment du passage de relais du Médiateur de la République au Défenseur des droits, Jean-Paul Delevoye, dans son « testament » qui préface le Rapport annuel de 2010, après avoir souligné les résultats modestes de l'Institution qu'il avait dirigée, mettait en garde contre une attente excessive : « Le Défenseur des droits, pas plus que le Médiateur, ne sera un Zorro ! » (idem p 70)

Chapitre 2. La Commission Nationale de Déontologie de la Sécurité (CNDS)

C'est une Institution, créée en 2000, qui a eu bien du mal à se faire une place, face à des gouvernements qui, après sa création, se sont efforcés d'en limiter le rôle, donc l'efficacité. Elle n'a jamais eu le soutien réel d'une partie des parlementaires et donc d'une partie du corps électoral.

La présentation qui en est faite ici « résume », si tant est que cela soit possible, des milliers de pages qui constituent ses Rapports annuels au Président de la République et au Parlement, tous rendus publics.

1. Pourquoi créer un organisme nouveau ?

Le projet de loi (enregistré à la Présidence de l'Assemblée nationale le 14 janvier 1998), visant à la création d'un « Conseil supérieur de déontologie de la sécurité », préparé par le Gouvernement de Lionel Jospin, en expose simplement les motifs :

« Le besoin de sécurité et de tranquillité devient de plus en plus une revendication de chacun. Face à cette demande, les agents des services publics traditionnellement chargés de la sécurité ne sont plus les seuls acteurs à intervenir pour répondre aux attentes des individus. Des personnes privées assurent aussi un rôle important dans l'organisation de la sécurité intérieure. Ainsi, il est désormais nécessaire, lorsqu'on évoque la sécurité intérieure, de prendre en compte l'ensemble des acteurs qui concourent à assurer la protection des personnes, des biens et des services. [...] La diversité des agents qui participent ainsi à des missions de sécurité ne fait pas obstacle, bien au contraire, à ce qu'ils respectent un certain nombre de règles communes, professionnelles et morales, fondées sur des valeurs républicaines. Ce qui est demandé aux agents des services publics doit pouvoir, de ce point de vue, être exigé également des autres acteurs qui concourent à des missions de sécurité. Les règles de déontologie, destinées à un large éventail d'acteurs, dépassent le cadre classique de la déontologie d'une profession ou d'un corps déterminé. Le respect de règles, de références et de valeurs communes s'impose à l'ensemble des corps de fonctionnaires, ainsi que des personnes privées concourant à la protection et à la sûreté du citoyen. L'uniformisation du comportement des différents acteurs doit aussi être une garantie pour tous les citoyens. En cela, la déontologie constitue un élément essentiel de la sécurité que se doit d'assurer l'Etat républicain.

La création d'un Conseil supérieur de déontologie de la sécurité répond à la volonté du Gouvernement de promouvoir le respect de la déontologie au sein de toutes les professions exerçant des activités de sécurité. »

Alors que le système interne de contrôle de la police (l'Inspection générale de la police nationale : IGPN) et celui de la gendarmerie nationale existent, ces formes d'autocontrôle les rendent, aux yeux de certains, suspects de ne pas intervenir « efficacement » dans bien des cas. D'où la volonté de créer une institution nouvelle, placée hors du giron des forces de sécurité, qui n'allait être dotée ni de pouvoirs réglementaires, ni de pouvoir d'injonction, ni de sanction mais qui allait pouvoir « unifier les pratiques des acteurs de la sécurité sur la base de valeurs communes, marquées par un souci de transparence et de respect de la personne. » Ainsi était essentiellement visée une « amélioration des relations entre les personnes en charge de la sécurité et la population. », comme l'avait annoncé Bruno Leroux, rapporteur de la commission des lois à l'Assemblée nationale le 4 juin 1998.

C'était miser sur une transformation profonde de la Société française, si réticente à aligner ses forces de sécurité sur les normes démocratiques et, plus encore, à les faire respecter.

2. Les domaines concernés

Selon le projet de loi, le champ d'intervention du Conseil (ce nom avait été choisi pour souligner sa forme d'intervention dans la vie publique) devait être particulièrement large, englobant : « outre les agents des administrations publiques dans la seule mesure, bien entendu, où ils assurent des missions de sécurité à savoir la police nationale, la gendarmerie nationale et les douanes, les agents de police relevant des collectivités locales tels que les agents de police municipale ainsi que des gardes champêtres, gardes-chasse et gardes-pêche. La compétence du Conseil supérieur de déontologie s'exerce aussi sur les agents privés chargés de missions de sécurité. A cet égard, est notamment visé le personnel d'entreprises privées de surveillance, de gardiennage et de transport de fonds, dans le cadre des lois et règlements en vigueur. »

L'évaluation, faite alors, du nombre des agents dont le respect de la déontologie devait pouvoir être « contrôlé » par le futur Conseil, faisait état des chiffres suivants : 121 000 agents de la police nationale ; 98 500 de la gendarmerie nationale ; 20 000 des douanes ; 12 500 des polices municipales et 90 000 des sociétés de surveillance et de gardiennage.

Outre le fait qu'il a conduit à modifier le nom de la nouvelle Institution, dénommée « Commission nationale de déontologie de la sécurité » (CNDS), le débat, qui a été constamment marqué par de profondes divergences entre la majorité, soutenant le Gouvernement, et l'opposition, a considérablement fait évoluer le projet.

3. La loi du 6 juin 2000

A. Le champ d'application de la loi n° 2000-494

Entre la première et la seconde « lecture » à l'Assemblée nationale, distantes de plus d'un an et demi, on est passé d'une liste de « professions » à une « définition générique », en considérant que : « ce domaine d'activité est extrêmement évolutif » et que le fait de fixer une liste « présenterait l'inconvénient d'oublier un certain nombre d'institutions ou d'organismes qui pourraient être concernés. »

Ainsi, le champ d'intervention de l'Institution a-t-il été défini de façon moins précise que le projet initial, par l'article 1er de la loi : « La Commission nationale de déontologie de la sécurité, autorité administrative indépendante, est chargée, sans préjudice des prérogatives que la loi attribue, notamment en matière de direction et de contrôle de la police judiciaire, à l'autorité judiciaire, de veiller au respect de la déontologie des personnes exerçant des activités de sécurité sur le territoire de la République. »

C'est la CNDS elle-même qui a précisé cette liste : « Ces personnes exercent notamment leur activité de sécurité dans les domaines suivants :

- autorités publiques : police nationale, gendarmerie nationale, administration pénitentiaire, administration des douanes, police municipale, gardes champêtres ou forestiers.
- services publics : services de surveillance (transports en commun)
- personnes privées : services de gardiennage, de surveillance, de protection des personnes, de transport de fonds, services d'ordre privés, y compris bénévoles. »

B. Les valeurs à faire respecter

La déontologie est un domaine difficile à préciser. Bruno Leroux, député, le 25 février 1998 à l'Assemblée nationale, en a bien cerné les contours :

« La déontologie se définit étymologiquement comme la science des devoirs : à la charnière du droit et de la morale, elle s'attache à déterminer, pour une profession ou une activité donnée, des solutions pratiques à des problèmes concrets. Elle a donc un champ d'application distinct de celui du droit, tout en ayant une portée contraignante moindre. Le champ d'application de la déontologie ne recouvre pas celui des normes juridiques. En matière pénale, ce sont les agissements ou l'inaction des personnes qui sont qualifiés et, le cas échéant, sanctionnés, l'intention n'étant pas prise en compte indépendamment de l'acte.

En revanche, les règles déontologiques s'attachent à définir pour une profession ou une activité donnée un ensemble de valeurs qui dépassent à la fois le cadre des seuls actes accomplis par les individus et celui des seules normes applicables. La déontologie régit, en conséquence, le comportement professionnel, mais tend également à créer un état d'esprit. Les manquements à ce corps de règles n'ont donc pas nécessairement de qualification pénale. Inversement, une infraction pénale ne constitue pas toujours un manquement à la déontologie. […] Les manquements à la déontologie se situent ainsi souvent à la limite de la faute disciplinaire ou de l'infraction pénale. »

C. Le vote sur l'ensemble du texte

Le 4 juin 1998, Jean-Antoine Léonetti, député, a estimé le projet « flou, incohérent et, en fait, inefficace. » et François Goulard, également député, a jugé que ce « projet, même pour ceux qui y sont favorables, a une portée pratique à peu près insignifiante » et que sa conception « est particulièrement confuse ». Le 25 mai 2000, toujours à l'Assemblée nationale, Gilbert Gantier, jugea : « ce texte est creux. Il ne peut pas en être autrement compte tenu de la diversité des professions concernées qui, si elles ont toutes des missions de sécurité, évoluent dans des secteurs ayant leurs propres spécificités. »

Malgré ces observations, articulées par l'opposition qui n'était pas favorable à la création d'une instance indépendante du Pouvoir exécutif et qui pourrait faire des remontrances aux forces de l'ordre, la loi a été adoptée dans l'espoir, pour ceux qui l'ont votée, de renforcer des liens de confiance et de proximité, entre les citoyens et les personnes exerçant des activités de sécurité, dont il est connu qu'ils sont empreints d'une certaine défiance, ce qui ne devrait pas être le cas dans une démocratie solidement établie.

4. La Commission

Les membres de la Commission, qui étaient huit à l'origine, ont été nommés : 1 par le Président de la République (cette personne est celle qui préside la CNDS) ; 1 par les Présidents de chacune des deux chambres du Parlement : 1 par chacun des chefs de corps du Conseil d'Etat, de la Cour de cassation et de la Cour des comptes ; ensemble, ces six personnalités cooptaient deux autres membres.

La composition de la Commission a évolué au cours du temps, le nombre de ses membres étant passé de 8 à 13. Cette diversité a été utile pour l'examen des réclamations ; une méthode pluridisciplinaire de traitement des saisines s'est voulue facteur d'équité et d'efficacité dans des affaires souvent complexes, techniquement, mais aussi politiquement très délicates.

5. Les saisines et leur traitement par la CNDS

Plusieurs articles de la loi ont explicité les modalités de travail de la CNDS (précisées par son règlement intérieur) et les obligations auxquelles les autorités publiques doivent se plier pour répondre aux questions et investigations de la Commission.

Le nombre d'affaires enregistrées par la CNDS, c'est-à-dire des saisines, s'est constamment accru, passant de 19 en 2001 à 228 en 2009, mais le nombre de dossiers traités annuellement est seulement passé de 12 en 2001 à 153 en 2009.

Le manque de moyens accordés dans les budgets de cette décennie, par tous les Gouvernements ayant succédé à celui qui a créé la CNDS, explique l'augmentation continue des stocks de saisines non traitées. En dix ans, le budget a été multiplié par 2 pour un nombre de saisines multiplié par 10. C'est une indication de l'importance réelle que l'on a attachée, pendant cette période, au contrôle externe du respect des règles de déontologie par les forces de sécurité.

Toute personne ayant été victime ou témoin de faits dont elle estimait qu'ils constituaient un manquement aux règles de la déontologie par des personnes exerçant des activités de sécurité pouvait, par réclamation individuelle, demander que ces faits soient portés à la connaissance de la CNDS. Mais cette réclamation devait être adressée à un député ou à un sénateur qui intervenait comme « filtre ». Il transmettait la réclamation à la CNDS s'il l'estimait « mériter l'intervention de cette dernière ». Une saisine directe était ouverte aux membres du Parlement, puis, ultérieurement, à d'autres institutions : au Médiateur de la République, à la HALDE, au Défenseur des enfants et au Contrôleur général des lieux de privation de liberté.

Mais il n'y eut jamais de possibilité pour une personne physique qui s'estimait victime de manquement déontologique des forces de sécurité de saisir directement, elle-même, la CNDS.

La CNDS n'était pas chargée d'exercer une médiation entre victimes et responsables d'un non-respect de règles de déontologie. Sur la base des plaintes et de ses investigations, elle avait pour missions :

1°/ d'adresser, soit aux autorités publiques, soit aux dirigeants des agents privés concernés, exerçant des activités de sécurité, tout avis ou recommandation visant à remédier aux manquements constatés dans des structures ou des organisations, ou à en prévenir le renouvellement ;

Il devait être rendu compte de la suite donnée à ces avis ou recommandations.

2°/ de porter à la connaissance des autorités et des personnes investies du pouvoir disciplinaire les faits de nature à entraîner des poursuites disciplinaires sur des personnes qui auraient manqué aux règles déontologiques ; les responsables devaient, en retour, informer la CNDS des suites qu'ils avaient données à ces transmissions ;

Les réponses que la CNDS a obtenues, suite à ses recommandations, n'ont parfois été que partielles.

3°/ de proposer au Gouvernement des modifications de la législation ou de la réglementation afin d'améliorer la situation.

En permanence soumise à la critique de certains partis politiques et syndicats professionnels, la CNDS a constamment dû se justifier dans ses Rapports annuels et expliquer le caractère minutieux de ses méthodes de travail, expliquant qu'elle procédait à une instruction pouvant comporter investigations et vérifications sur place, dans des conditions extrêmement « bordées », auxquelles les « autorités publiques » et les « personnes privées » devaient se plier.

Dans son dernier Rapport, en 2010 (p 15), elle a dû préciser que, pour préparer ses avis : « La Commission s'appuie sur une liste non-exhaustive de textes à la fois nationaux (notamment le code de procédure pénale et les codes de déontologie), internationaux, telle la convention européenne des droits de l'Homme, ainsi que sur la jurisprudence des juridictions nationales et internationales. Au-delà de ces références, son raisonnement se fonde principalement sur la recherche d'un équilibre entre le respect des droits et la dignité des citoyens et les contraintes imposées par des impératifs de sécurité aux agents de sécurité, le discernement devant en permanence dicter le comportement de ces derniers. »

L'information des citoyens sur les conditions d'exercice et les résultats de son activité s'est toujours effectuée par le truchement de son Rapport public annuel au Président de la République et au Parlement, toujours très détaillé.

6. Le « bilan » à mi-parcours

La Commission, dans un « bilan des six premières années d'activité 2001-2006 » a résumé les domaines principaux des affaires qu'elle avait traitées :

« Les services concernés sont essentiellement ceux appelés à intervenir dans des circonstances bien précises. D'une part, au contact du public et des citoyens, pour la police, dans le cadre de missions de sécurité publique dans la rue, ou dans le cadre des délicates missions dévolues à la police aux frontières, les services spécialisés tels que brigade des stupéfiants, brigade anti-terroriste ou brigade financière n'ayant pas été concernés. D'autre part, dans des prisons dont les conditions d'enfermement, difficiles, peuvent causer des tensions. » (p 4)

Puis elle a précisé : « Majoritairement saisie de dossiers concernant la police nationale, la Commission a été confrontée à de nombreuses situations dans lesquelles des manquements à la déontologie ont pu être observés. Dans de nombreux dossiers, elle a relevé de la part des fonctionnaires des irrégularités dans les pratiques professionnelles : usage indu de la coercition (conduite au commissariat sans procédure ultérieure, placement en garde à vue injustifié, parfois en l'absence évidente d'une infraction, durée de garde à vue excessive) ; utilisation abusive des mesures de coercition (fouille de sécurité systématique et menottage serré contraires aux prescriptions de la circulaire ministérielle du 11 mars 2003 relative au respect de la dignité des personnes gardées à vue) ; emploi exagéré de gestes techniques professionnels d'intervention aboutissant à des blessures (notamment dans le cadre de reconduites à la frontière).

Certains dossiers ont fait état de blessures graves et de séquelles irréversibles (traumatisme crânien, fractures de bras, du nez, dents cassées, tympan perforé, lésions testiculaires), et deux affaires ont concerné le cas d'étrangers décédés dans l'avion à la suite de gestes de contrainte excessivement prolongés. Des problèmes d'encadrement des fonctionnaires, particulièrement la nuit, et de commandement, notamment dans l'hypothèse de la présence de plusieurs équipages, ont été relevés, ainsi que des insuffisances de liaison entre les équipes sur le terrain et le centre de commandement. » (p5)

En ce qui concerne la gendarmerie, ce document indiquait que « les saisines concernant ce corps étaient rares. », alors que nombre de dossiers ont concerné l'administration pénitentiaire.

Enfin, concernant les activités privées de sécurité et les services de sécurité des transports en commun il était dit que, compte tenu du nombre de personnes y travaillant, la CNDS s'étonnait du très faible nombre de saisines transmises les concernant. Les proportions ont ensuite évolué.

Sur le positionnement de la CNDS dans la Société française, le Rapport (pp 21 et 22) concluait : « La Commission ne peut que constater que certaines réticences et préjugés persistent à son encontre. Elle souligne que son rôle n'est pas de discréditer l'action des services de sécurité mais de relever des dysfonctionnements institutionnels, ou éventuellement de dénoncer des dérives individuelles préjudiciables à l'image des services de sécurité et ainsi, par ses recommandations, d'améliorer les conditions d'exercice de leur activité et les relations entre les acteurs de la sécurité et les citoyens.

La Commission n'estime pas suffisante une réponse des autorités hiérarchiques disant que la loi a été appliquée. La déontologie va au-delà. Elle implique, de la part du fonctionnaire, le respect des droits reconnus à l'autre, notamment sa dignité et la proportionnalité entre les moyens utilisés et le but à atteindre.

La CNDS déplore les difficultés auxquelles elle est parfois confrontée pour se faire entendre des autorités concernées. A plusieurs reprises, les analyses faites par la Commission ont été contestées et celle-ci a dû compléter ses propositions en rétablissant les faits matériels au vu du dossier. [6 cas sont ici évoqués]

La CNDS est aussi particulièrement attentive aux réponses qu'elle reçoit des autorités hiérarchiques lorsque, dans ses dossiers les plus sensibles, elle a recommandé que des sanctions disciplinaires soient prises. Celles-ci le sont trop tardivement "au risque de voir se développer le sentiment d'impunité". »

7. L'impact de la CNDS

Il est impossible de mesurer l'impact de cette Institution sur la consolidation de l'ordre républicain grâce à un renforcement du respect des règles déontologiques régissant les forces de sécurité, ce qui est nécessaire, en démocratie, pour asseoir la « considération » des citoyens à leur égard. La mission, donc la notoriété, de la CNDS, ont été volontairement limitées, en restreignant ses moyens, et sa tâche a été difficile à accomplir.

A. Les résultats des saisines traitées par la CNDS

Les 10 Rapports de la CNDS, aux structures variées, en versions papier puis aussi informatiques, avec leurs milliers de pages, sont extrêmement riches d'enseignements :

1°/ on peut y lire le traitement qui a été fait des nombreuses saisines, avec les avis et recommandations qui ont été rendus (celles-ci visent à prévenir le renouvellement des faits critiquables qui ont été analysés).

2°/ s'y trouvent un exposé des réponses faites par les autorités aux recommandations antérieures. Ainsi, par exemple, la CNDS s'est-elle félicitée, en 2003, de la diffusion de circulaires d'instruction destinées à renforcer les exigences déontologiques s'imposant aux fonctionnaires de police et de l'administration pénitentiaire. Exemple inverse, en 2006, concernant une instruction ministérielle prise en réponse à une recommandation ; elle en a approuvé le texte mais elle a relevé ce que cette circulaire aurait aussi dû indiquer.

3°/ certains rapports synthétisent les problèmes relevés par la CNDS et les recommandations qu'en conséquence, elle a été amenée à faire ou à répéter.

4°/ dans l'introduction de son second Rapport (p 8), elle a fait une longue mise au point à la suite de réponses à certaines recommandations faites ou d'études réalisées par ses soins, insistant, notamment, en réponse à une remarque très critique de l'Inspection Générale de la Police Nationale (IGPN) : « Si les avis émis par la Commission sont pris en considération et s'ils sont appliqués, loin de conduire à une démobilisation ou à "une moindre réactivité" des fonctionnaires, ils peuvent au contraire fournir aux acteurs de la sécurité un cadre de travail amélioré et plus en harmonie avec les principes qu'ils doivent avoir quant à l'exercice de leur profession dans une démocratie. » 5°/ ils contiennent aussi des études analytiques et des recommandations. En voici les titres : « La part des discriminations dans les manquements à la déontologie » (2004) ; « Les mesures d'éloignement des étrangers traitées par la CNDS » (2005) ; « La CNDS et l'ordre pénitentiaire » (2006) ; « L'accès aux soins des personnes privées de liberté 2001-2007 » (2007) ; « La déontologie des forces de sécurité en présence des mineurs » (2008) ; « L'usage des matériels de contrainte et de défense par les forces de l'ordre » (2009).

Dans son dernier Rapport, de 2010, la CNDS a présenté une classification des « avis » (ils constituent les 2/3 des 82 pages du document) qu'elle a donnés en 2010 (mais qui sont aussi représentatifs de la diversité de ses interventions dans les années antérieures), en les classant par typologie des atteintes à la déontologie, subies par les citoyens. Ont été relevés :

a/ des « difficultés à mener des enquêtes concernant les comportements d'agents de sécurité ». Il s'agit : de refus opposés à des citoyens d'enregistrer leurs plaintes ; de difficultés pour obtenir que des enquêtes soient effectives ; d'entraves opposées à l'exécution de la mission de la CNDS ; d'un refus opposé à une visite parlementaire dans un lieu de privation de liberté.

b/ des « contrôles aux modalités inappropriées et aux conséquences parfois disproportionnées ». Il s'agit : de contrôles d'identité contestables ; d'erreurs de fichiers informatiques constatées au cours de contrôles routiers, ce qui a eu de fâcheuses conséquences pour des automobilistes ; de divers problèmes rencontrés lors de contrôles effectués par des agents de sécurité privée, dans des transports en commun, dans des aéroports et dans des magasins.

c/ des « pratiques abusives au cours d'interpellations », c'est-à-dire : des violences illégitimes ; des problèmes résultant de recours inappropriés aux armes (lanceurs de balles de défense ; armes à feu et gaz lacrymogène) ; de décès à la suite d'interpellations ; de menottage abusif de personnes interpellées et de comportements inadaptés lors de la prise de clichés d'une intervention de police.

d/ des « actes d'enquête à la limite de l'illégalité » dans le cadre de la garde à vue et de perquisitions et dans la rédaction d'actes de procédures. Mais aussi de « procédures déshumanisées de reconduites à la frontière » ainsi que d'illégalités dans le fonctionnement de l'administration pénitentiaire.

e/ concernant l'administration pénitentiaire, de détournements de la procédure de placement d'urgence à l'isolement, ainsi que d'atteintes à l'intégrité physique et à la dignité humaine de personnes détenues.

*

*   *

La CNDS a cependant bien précisé (Rapport 2010, p 8) : « Une fois encore, au cours de cette dernière année, dans 40 % des affaires examinées au fond, les cas d'irrecevabilité étant donc mis à part, la Commission n'a pas relevé de manquement à la déontologie. Ce chiffre suffit à démontrer, s'il en était besoin, l'absence du préjugé "anti-flic" qui a pu nous être imputé par certains, surtout dans le passé il est vrai. »

B. Les suites données aux avis, pour 2010

Au moment de céder la place au Défenseur des droits et alors qu'à l'Assemblée nationale des élus avaient évoqué sa simple disparition, la CNDS a bien tracé le tableau de sa mission lors de sa dernière année de fonctionnement. En 2010, 100 avis ont été assortis de recommandations. Les autorités destinataires (ministres de l'Intérieur et de la Justice, principalement) ont répondu favorablement dans 19 cas, ont partiellement suivi la Commission dans 25 affaires, « ont décidé de ne donner aucune suite à 32 avis » et n'avaient pas encore répondu dans 24 cas.

La Commission, qui avait demandé dans 64 affaires que des mesures individuelles soient prises par l'autorité de tutelle, afin que soient sanctionnés les auteurs de manquements à la déontologie, n'a été suivie que dans 29 cas (45 % de réponses positives). Elle précise « On peut conclure que la Commission est souvent en désaccord avec les ministres sur les résultats de ses enquêtes (55 % des cas) et qu'il est difficile de percevoir une volonté de la part des autorités de tutelle de lutter contre certaines pratiques plutôt que d'autres.

Certains comportements, notamment le manque de rigueur dans la rédaction de procès-verbaux, le manque de loyauté au cours d'une enquête ou l'usage disproportionné de la force, n'entrainent pas souvent de sanctions.

Plus inquiétant, certains comportements n'en provoquent jamais : ainsi, à la connaissance de la CNDS, aucun fonctionnaire de police dont la Commission avait estimé qu'il avait décidé de façon inopportune de menotter une personne ou de la fouiller à nu n'a fait l'objet de poursuites disciplinaires. » (Rapport 2010, p 17)

C. L'influence de la CNDS sur des modifications du droit

La CNDS a régulièrement préconisé l'adoption de nouvelles normes ou la modification de textes existants règlementant l'action des personnes exerçant des actions de sécurité. Elle a donné, en 2010, le récapitulatif des principaux textes adoptés en lien avec ses recommandations, tout en soulignant, d'une part, certaines insuffisances et, d'autre part, que ces modifications ne résultaient pas de ses seules interventions.

8. Le « testament » de la CNDS

Avant son absorption dans le Défenseur des Droits, la CNDS a conclu (Rapport 2010, p 10), sur sa difficile existence : « Malgré un manque de moyens souligné dans chaque rapport annuel, les crédits et le plafond d'emplois alloués à la Commission ne lui ont pas permis d'endiguer l'augmentation continue du stock de saisines non traitées, au point d'arriver à un niveau tel qu'il faudrait près de vingt-trois années d'activité à moyens équivalents à ceux de 2010, et avec un nombre de saisines annuel stagnant autour de 185, pour résorber le stock de 231 saisines en cours (le stock ayant diminué de 10 saisines pour la première fois en 2010).

Le constat est sans appel : la Commission a toujours souffert d'un manque de moyens qui l'a empêchée de remplir sa mission avec toute la célérité souhaitable. [...] La Commission insiste sur l'importance qu'il y aura à doter le futur Défenseur des droits des moyens humains et matériels suffisants pour traiter un nombre de saisines qui ne peut que croître de façon spectaculaire »

Chapitre 3. Le Défenseur des enfants

Le 20 novembre 1989, l'Assemblée générale de l'Organisation des Nations Unies, adoptait, à New York, une Convention internationale relative aux droits de l'enfant (CIDE) qui reconnaît l'enfant non plus comme un « objet » de droits mais comme un « sujet » doté de droits à faire reconnaître et à faire respecter.

Ses 54 articles constituent un extraordinaire exposé de tous les droits dont devraient bénéficier tous les enfants du Monde. La France ratifia cette Convention en 1990.

Le 1er février 1990, le Conseil de l'Europe, à Strasbourg, recommandait à ses membres, dont la France, de « nommer un médiateur spécial pour les enfants, qui pourrait les informer de leurs droits, les conseiller, intervenir et, éventuellement, ester en justice des poursuites en leur nom. »

1. Le projet de Médiateur des enfants

Divers pays (Suède, Norvège, Wallonie belge) ont précédé la France sur la voie de la création d'une médiation institutionnelle en faveur de la protection des enfants. En France, une Commission d'enquête sur les droits de l'enfant, créée par l'Assemblée nationale et présidée par Laurent Fabius, a proposé l'institution d'un Médiateur, porte-parole des enfants concernant leurs difficultés dans leurs rapports avec les « administrations », dans un sens très large.

C'est sur cette base qu'une proposition de loi (donc, d'origine parlementaire) « instituant un Médiateur des enfants », fut rédigée et débattue à partir du 19 novembre 1998. Le débat s'étira sur plus d'un an, bien qu'il n'ait occupé que deux séances dans chaque Chambre.

L'Assemblée nationale avait d'abord choisi d'instituer un Médiateur des enfants aux missions et prérogatives semblables à celles du Médiateur de la République, dans la seule sphère publique. Le Sénat a élargi sa compétence aux litiges pouvant naître dans la sphère privée. Lors du débat qui eut lieu au Sénat le 9 novembre 1999 (presque un an après le débat du 19 novembre 1998 à l'Assemblée nationale), a été soulevée une question importante ainsi exposée par Christian Bonnet :

« Le Médiateur de la République a acquis, au fil des ans, une autorité que personne aujourd'hui ne songe à lui contester. Il dispose d'une administration qualifiée, bénéficiant de l'expérience de plusieurs décennies. C'est pourquoi, plutôt que de créer une nouvelle autorité indépendante, il vous est proposé de placer le Médiateur des enfants auprès du Médiateur de la République et d'assurer, en quelque sorte, l'unité de la médiation institutionnelle. »

Le Gouvernement et l'Assemblée nationale s'y sont opposés ; cette proposition a donc été rejetée au nom d'une « autonomie nécessaire ». On est revenu sur ce choix dix ans plus tard.

2. La création du Défenseur des enfants

Entre les deux « lectures » du texte à l'Assemblée nationale, à la demande de Bernard Stasi, alors Médiateur de la République « pour éviter confusion et dévalorisation », le terme « Défenseur » a été substitué à celui de « Médiateur ». La loi n° 2000-196 du 6 mars 2000 a été votée à l'unanimité des deux Chambres, fait suffisamment rare pour être souligné.

Le premier titulaire du poste fut Claire Brisset à laquelle succéda Dominique Versini, en 2006. Le poste ayant été occupé par des femmes, l'habitude fut prise de parler de la Défenseure des enfants. Pour asseoir sa fonction, la Défenseure s'est appuyée sur un Comité consultatif composé de personnes ayant des compétences complémentaires.

L'Institution s'est progressivement étoffée. Lors de son intégration dans le Défenseur des droits, elle comptait 32 collaborateurs au siège et 55 correspondants territoriaux.

3. La saisine de l'Institution

Le Défenseur des enfants pouvait être saisi directement par un mineur, par ses représentants légaux, généralement par un parent, ou par des associations défendant les droits de l'enfant, reconnues d'utilité publique. Ce recours, gratuit, se faisait par courrier ou par courrier électronique, y compris, sous certaines conditions par des personnes incarcérées, mais aussi par téléphone au siège et par l'intermédiaire de ses délégués territoriaux.

Le Défenseur des enfants pouvait également décider de s'autosaisir de situations qui ne lui paraissaient pas respecter les droits de l'enfant.

4. Les missions

Le nom de l'Institution suggère, involontairement, sa très large ambition pour ne pas dire sa toute-puissance. Pourtant, il n'en est rien. L'action du Défenseur des enfants ne pouvait se substituer ni à la justice ni aux services sociaux spécialisés dans la protection de l'enfance, qui demeurent les principaux défenseurs des enfants. Il ne pouvait ni intervenir dans une affaire pour laquelle une décision judiciaire était en cours, ni contester une décision de justice. Et lorsqu'en examinant la situation qui lui avait été soumise, un enfant lui paraissait en danger, ce sont des signalements à l'autorité judiciaire que le Défenseur des enfants pouvait faire.

L'Institution avait quatre missions :

A. Faire respecter des droits dans des cas individuels

Le Défenseur des enfants pouvait être saisi de situations où des droits des enfants semblaient ne pas avoir été respectés. L'Institution pouvait aussi s'autosaisir de situations et de cas individuels dans lesquels des droits des enfants semblaient ne pas avoir été respectés, ces cas n'ayant pas été résolus d'une façon satisfaisante bien qu'ils aient fait l'objet de tentatives de solutions par divers services existant en France.

L'Institution ne se substituait pas au dispositif social et judiciaire qui protégeait normalement les enfants mais intervenait lorsque ces traitements avaient échoué et que des enfants en étaient victimes ; dès lors, sa fonction était nécessairement limitée. Les réclamations faisaient alors l'objet d'un travail d'instruction des plaintes, par référence aux droits des enfants consacrés par la législation et par la Convention Internationale des Droits de l'Enfant (qui expose des principes sans leur donner une quelconque formulation juridique). Lorsque la réclamation est justifiée le Défenseur signale le cas aux instances compétentes en matière d'aide sociale ou de justice (par une recommandation), afin de « faire pression » pour une solution équitable.

L'institution ne traite pas les situations d'urgence qui relèvent de services spécialisés (le numéro de téléphone 119 : « allo enfance maltraitée »), qu'il signale évidemment pour ceux qui ne le connaitraient pas.

A partir de 2008, le Rapport annuel explique que l'Institution intervient « dans une démarche de médiation interinstitutionnelle et de recommandation, pour faire évoluer les solutions que l'on apporte à des questions qui touchent les enfants. Une part notable de la mission du Défenseur des enfants a effectivement été accomplie en lien avec d'autres Institutions, en particulier : avec le Médiateur de la République pour les réclamations mettant en cause des services publics, et avec la Haute Autorité de lutte contre les discriminations et pour l'égalité, lorsque des réclamations mettaient en cause des discriminations. Enfin elle a pu être amenée à transmettre à la Commission nationale de déontologie de la sécurité des réclamations lorsque les droits d'enfants avaient été méconnus par des forces de sécurité.

Les réclamations pouvaient être de deux ordres :

- individuelles : il s'agit de réclamations pour lesquelles les enfants sont identifiés ; parfois il s'agit d'une fratrie et non d'un enfant seul ;
- collectives : il s'agit de réclamations qui portent sur une problématique collective dont le nombre et l'identification des enfants ne peuvent pas être définis avec précision.

Toute réclamation n'était pas recevable car un certain nombre d'entre elles ne rentraient pas dans le champ de compétence du Défenseur des enfants. La première tâche de l'Institution consistait donc à analyser la recevabilité de la saisine. Le nombre de médiations réussies, donnant satisfaction aux requérants, est donc notablement inférieur à celui des réclamations.

Le nombre d'enfants pour lesquels l'Institution est intervenue a fortement crû, au début, passant de 1 200 en 2002 à 2 825 en 2006, pour s'en tenir ensuite à un plafond ne dépassant pas 3 000 par an. On ne peut que relever le nombre très faible de ces saisines quand on pense aux multiples difficultés qui assaillent tant d'enfants.

Pour prendre l'année 2010 à titre d'exemple, dernière année d'activité de l'Institution, les motifs des réclamations (ces motifs étaient déjà, dans les années antérieures, dans des proportions comparables) ont été classés ainsi :

- 34 % ont concerné l'exercice de la parentalité (droit d'hébergement et de visite des enfants, lorsque les parents sont séparés) ainsi que des problèmes d'enfants placés ;
- 16 % concernaient les traitements infligés à des mineurs étrangers ;
- 9 % portaient sur de la maltraitance, y compris des abus sexuels ;
- 7 % concernaient des difficultés rencontrées à l'école, essentiellement des discriminations pour l'inscription d'enfants roms et de « gens du voyage », mais aussi sur les difficultés de scolarisation d'enfants handicapés.

Dans ces domaines, de nombreux accords amiables, fort utiles, ont été obtenus par l'Institution. Les Rapports présentent quelques cas qui illustrent l'action de la Défenseure des enfants. Nous en évoquerons un seul, ici, à titre d'illustration (Rapport annuel d'activité 2010, p 71)).

Houssam a 15 ans lorsqu'il écrit à la Défenseure des enfants (avec l'aide d'une éducatrice de son foyer) pour lui demander de retourner dans le lieu de vie d'où il avait été brusquement retiré. En effet, il a été placé, ainsi que sa sœur et trois de ses frères, à l'Aide Sociale à l'Enfance (ASE) par le juge des enfants depuis de nombreuses années car sa mère ne peut pas s'occuper d'eux.

Dans son enquête, la Défenseure apprend qu'il a été transplanté d'un lieu à un autre. Dans un de ces lieux, Houssam a trouvé une figure importante d'attachement en la personne du directeur, qui lui a permis d'évoluer positivement. Mais 18 mois plus tard, des plaintes déposées contre ce directeur par d'autres familles, sans que des enquêtes aient abouti, font que Houssam a été retiré de ce lieu.

Depuis ce départ, Houssam a multiplié les ruptures de placement car il est dans l'impossibilité de nouer des liens avec les adultes qui ont tenté de l'accueillir.
La Défenseure a contacté l'ASE et a obtenu de ce service qu'Houssam puisse retourner dans ce lieu de vie pendant quelques mois avant d'être orienté vers une structure qui puisse répondre à ses difficultés.

Dans quelques très rares cas, l'intervention de la Défenseure des enfants visait la situation d'un groupe d'enfants. Ainsi a-t-elle traité de la complexe situation de parents et d'enfants français « victimes d'un enlèvement parental vers le Japon » (Rapport 2010, pp 79 et 80), qui a conduit à la réunion d'un « Comité de consultation franco-japonais sur l'enfant, au centre d'un conflit parental » et à la remise de 35 dossiers aux autorités japonaises, le 1er décembre 2009.

B. Obtenir l'amélioration de situations défavorables

Des Rapports annuels évoquent, dans les premières années, des « dossiers collectifs » et, ultérieurement, des propositions (car, dans ces cas, il n'y a pas d'intervention sur des cas individuels). Ainsi, par exemple, dès 2001, la Défenseure a évoqué :

les difficultés de la pédopsychiatrie.
le droit qui devrait être reconnu à tous les enfants de connaître leurs origines.
la situation des mineurs confrontés au monde de la prison.

Ainsi, lorsque les travaux de l'Institution ont fait apparaître que des situations nuisent à des enfants parce que les structures ne prennent pas assez en considération leurs droits ou ne respectent pas les engagements internationaux auxquels la France a souscrit, la Défenseure des enfants a proposé des éléments de réformes. Tout au long des années, la Défenseure des enfants s'est ainsi employée à identifier et à analyser des dysfonctionnements institutionnels qui se produisent dans des situations diverses que peut connaître l'enfant : à l'école, en foyer, à l'hôpital, en prison… Elle a alors fait des observations visant à changer les situations critiquées.

On ne sait pas très bien si de tels travaux ont conduit à des modifications de politiques publiques ou ont simplement constitué des « bouteilles jetées à la mer », ce qui est plus vraisemblablement le cas, quand on observe la dégradation continue de nombreux services publics destinés à l'enfance.

C. Proposer des réformes de textes juridiques

Dans un certain nombre de cas, la Défenseure des enfants a présenté des observations sur des projets de textes législatifs afin d'orienter certaines de leurs dispositions pour y asseoir l'intérêt des enfants. Par exemple, la Défenseure des enfants et le Médiateur de la République, en 2005, ont conjointement proposé de modifier des articles du Code civil, en portant à 18 ans l'âge minimum du mariage des filles (ce qui était déjà le cas pour les garçons) afin de lutter contre les mariages forcés.

En 2008 la Défenseure des enfants a présenté des observations sur le projet de loi relatif à l'immigration, à l'intégration et à la nationalité.

En 2009, elle a fait des observations sur un avant-projet de Code de justice pénale des mineurs et sur un projet de loi relatif à l'adoption.

D. Promouvoir les droits de l'enfant

Enfin, l'Institution « promeut » les droits de l'enfant en organisant des actions d'information. Le Rapport annuel au Président de la République fait le bilan des très nombreuses activités de la Défenseure des enfants dans ce domaine. Beaucoup de réunions, de séminaires et de publications ont été faits, visant à faire connaitre le contenu de la CIDE. En outre, la promotion de ces droits a aussi été favorisée par la participation de la Défenseure des enfants au « réseau européen des défenseurs des enfants » (ENOC)

Cette activité, qui vise à faire connaître les droits reconnus à l'enfant, dans la perspective de les voir mieux respecter, esquissée dès les premières années, a aussi pris un peu d'ampleur, à partir de 2007, avec le programme dit de « Jeunes ambassadeurs de la Défenseure des enfants » (JADE). Il s'agissait de jeunes ayant choisi d'effectuer un Service civil volontaire qui, après une formation par l'Institution, ont organisé des actions de sensibilisation sur le contenu de la Convention internationale des droits de l'enfant, dans des établissements scolaires, des centres sociaux et des centres de loisirs de quelques départements (soit 34 jeunes sur une douzaine de départements en 2010).

5. Le « bilan » de la situation en France

Dans son Rapport de 2009, année où le Comité des droits de l'enfant de l'ONU examinait le degré de conformité de la situation des enfants, en France, avec les dispositions de la Convention internationale, la Défenseure faisait ainsi un bilan très « mitigé » :

« La majorité des enfants vivant en France vont bien et voient leurs droits fondamentaux globalement bien respectés. Un important travail législatif a été mené depuis 2004 pour mettre le droit national en conformité avec les engagements souscrits par la France lors de la ratification de la Convention en 1990. Toutefois, certaines catégories d'enfants restent dans des situations préoccupantes et les mesures prises pour un meilleur respect de leurs droits restent insuffisantes notamment les enfants vivant dans la pauvreté, les enfants séparés de leurs familles (placement), les enfants en grande souffrance psychique, les enfants porteurs de handicap, les enfants de familles de gens du voyage ou de familles roms, les mineurs étrangers (isolés ou en famille en situation irrégulière) et les enfants et adolescents en conflit avec la loi.

En réponse, en quelque sorte, le Comité des droits de l'enfant des Nations Unies a adressé au Gouvernement français, le 12 juin 2009, des observations comportant 90 recommandations dont beaucoup reprennent celles du rapport du Défenseur des enfants. » (p 5)

6. Le « testament » de l'Institution

Dominique Versini a bien exposé, en quelques phrases, ses raisons de déplorer l'absorption du Défenseur des enfants par la nouvelle Institution du Défenseur des droits. Dans l'introduction à son Rapport d'activité de 2009, sous le titre « De l'importance de maintenir un Défenseur des enfants indépendant », elle écrivait :

« A la veille du 20ème anniversaire de la Convention Internationale des droits de l'enfant (CIDE), le fait de devoir justifier l'importance de maintenir un Défenseur des enfants spécifiquement consacré aux droits de l'enfant relève du paradoxe alors justement que cette jeune institution, créée par un vote à l'unanimité le 6 mars 2000, peut s'enorgueillir d'avoir acquis, en neuf années, une véritable reconnaissance dans le paysage institutionnel français et, parmi ses pairs en Europe, à travers la Présidence du réseau européen des défenseurs des enfants (ENOC) qui vient de lui être confiée.

La force symbolique de la suppression de l'institution du Défenseur des enfants serait d'autant plus remarquée que le Comité des droits de l'enfant de l'ONU vient d'inviter le Gouvernement français, dans son rapport du 12 juin 2009, "à continuer à renforcer le rôle du Défenseur des enfants [...] et à lui allouer les ressources financières et humaines suffisantes".

Rappelons en ce sens les préconisations du même Comité en novembre 2002, qui a invité tous les Etats parties à la Convention internationale des droits de l'enfant "à se doter d'institutions nationales indépendantes pour protéger et promouvoir les droits de l'enfant consacrés par la CIDE" car "l'accès des enfants aux organismes susceptibles de protéger leurs droits est en général limité". »

Le 20 octobre 2010, dans son dernier Rapport elle ajoutait : « J'en appelle à la sagesse des députés pour que, quel que soit le mode d'organisation choisi, la spécificité de la défense et de la promotion des droits des enfants telle que définie par la CIDE soit maintenue de façon visible pour permettre un accès direct par les enfants et conserver une équipe spécifiquement dédiée à leur cause. »

Chapitre 4. La Haute Autorité de Lutte contre les Discriminations et pour l'Egalité (HALDE)

La création de cette institution résulte de la réforme entreprise dans la perspective de transposer la Directive européenne 2000/43/CE du Conseil de l'UE, du 29 juin 2000, relative à la mise en œuvre du principe de l'égalité de traitement entre les personnes sans distinction de race ou d'origine ethnique qui, suivant l'exemple de plusieurs autres pays, demandait à tous les pays membres de l'Union européenne de créer des agences administratives concourant à la lutte contre les discriminations pour soutenir les victimes.

1. Le « rapport Stasi »

Lors de la campagne pour l'élection présidentielle de 2002, Jacques Chirac affirmait : « Tolérer les discriminations, c'est faire le lit de la révolte, de l'incompréhension, du rejet de la société. »

Bernard Stasi, qui avait été Médiateur de la République, a reçu mandat d'entreprendre une consultation pour faire un rapport sur les contours et le cadre juridique d'un organisme public ayant pour mandat de lutter contre les discriminations. En février 2004, il remit un rapport au Premier ministre, dans lequel il écrivait :

« Chacun est susceptible, à un moment ou à un autre de son existence, d'être victime de pratiques discriminatoires non sanctionnées, par exemple pour l'accès à l'emploi, au logement ou aux loisirs, en raison de son sexe, de son origine ethnique, de ses convictions politiques ou religieuses, de son appartenance syndicale, de son handicap, de son état de santé, de son âge ou de son orientation sexuelle. » Ce rapport faisait nombre de préconisations dont certaines furent reprises dans le projet de loi qu'il a inspiré.

En présentant à l'Assemblée nationale, le 5 octobre 2004, le projet de loi instituant cette Haute Autorité, Jean-Louis Borloo, ministre de l'Emploi, du Travail et de la Cohésion sociale, résumait bien ainsi la situation : « Les pratiques discriminatoires, bien qu'illégales, sont extrêmement répandues et parfois socialement admises. Comme elles sont souvent souterraines, insidieuses, généralement indirectes et rarement écrites, leur ampleur est difficile à apprécier. Elles se manifestent dans tous les domaines de la vie. Certaines procèdent de l'incurie et de l'ignorance ; d'autres, plus graves, sont de nature idéologique. »

Lors du débat, ce même jour, Pascal Clément, député, a développé les insuffisances criantes de la lutte contre les discriminations en France :

« Le modèle français d'égalité n'est pas à l'abri de toute critique : nos concitoyens s'estiment encore victimes de discriminations qui, malgré des textes toujours plus nombreux, sont rarement sanctionnées.

Les recours sont en effet peu fréquents et rarement couronnés de succès. Sauf en matière de discriminations raciales, le juge pénal n'est pas souvent saisi. Notamment, il est exceptionnel que la justice répressive soit saisie des pratiques discriminatoires touchant les handicapés. Au civil, le contentieux porte essentiellement sur des discriminations sexistes ou syndicales dans le domaine de l'emploi. Ainsi, depuis 1987, les chambres sociale et civile de la Cour de cassation n'ont rendu qu'une douzaine d'arrêts sur des affaires de discrimination raciale. Quant au contentieux administratif, il est ancien et limité au droit de la fonction publique. [...]

Le rapport de forces entre les victimes et les auteurs de discriminations est souvent inégal. Les victimes sont, dans la plupart des cas, des personnes physiques disposant de ressources modestes. Elles doivent faire face à des pratiques discriminatoires qui peuvent être commises par des personnes morales, notamment des bailleurs, des prestataires de services ou des employeurs qui ne sont pas dénués de moyens de pression ou de rétorsion. Une entreprise peut considérer le procès comme un aléa normal de son activité, là où la victime s'expose à un risque de représailles et doit supporter des frais de justice.

Les victimes rencontrent d'importantes difficultés à rassembler des pièces permettant de prouver la discrimination alléguée. Ces pièces sont généralement détenues par la personne mise en cause. Les demandes de mesures d'instruction adressées au juge civil sont rarement satisfaites et les parquets sont peu enclins à s'investir dans un contentieux difficile dans lequel l'expertise reste rare ».

Toujours à la même séance, le ministre justifiait ainsi la création d'une nouvelle Institution : « Notre législation pénale contre les discriminations, notamment contre le racisme et l'antisémitisme, est l'une des plus complètes.[…] En revanche, nous n'étions pas armés pour la recherche de solutions non contentieuses, pour la médiation »

2. La création de la HALDE

La Haute Autorité de Lutte contre les Discriminations et pour l'Egalité (HALDE) a été créée par la loi n° 2004-1486 du 30 décembre 2004.

Elle était compétente, ainsi que le disait son article 1er : « pour connaître toutes les discriminations, directes ou indirectes, prohibées par la loi ou par un engagement international auquel la France est partie. »

Les discriminations interdites par la loi sont définies, tant pour les critères que pour les domaines dans lesquels elles s'exercent, dans plusieurs textes. Elles interdisent notamment les traitements défavorables fondés sur l'origine, le sexe, la situation de famille, la grossesse, l'apparence physique, le patronyme, l'état de santé, le handicap, les caractéristiques génétiques, les mœurs, l'orientation sexuelle, l'âge, les opinions politiques, les activités syndicales, l'appartenance ou la non-appartenance, vraie ou supposée, à une ethnie, une nation, une race ou une religion déterminée, etc.

Le mot « connaître », qui figure à l'article 1er de la loi, est ambigu mais le reste de la loi l'éclaire. La HALDE n'allait pas être une juridiction nouvelle, mais une institution ayant des pouvoirs d'enquête, chargée de constater les discriminations, de rechercher des médiations, d'obtenir des modifications des textes pour qu'ils soient mis en conformité avec les principes de non-discrimination, mais aussi : de promouvoir l'égalité de traitement et d'appeler à la tolérance dans une Société déchirée par des forces croissantes de « diversités », pour obtenir des changements dans les comportements. Elle n'a pas été cantonnée dans la recherche de solutions par médiation.

3. Les structures

La Haute autorité était composée d'un collège de 11 membres : 2 désignés par le Président de la République, (dont le Président de la HALDE) ; 2 par le président de l'Assemblée nationale ; 2 par le président du Sénat ; 2 par le Premier ministre et 3 représentant chacun : le Conseil d'Etat, la Cour de cassation et le Conseil économique, social et environnemental.

Ce « Collège » était assisté, dans sa tâche, par divers éléments :

- un Comité consultatif constitué de personnalités qualifiées ;
- des agents (74 en 2010) aux compétences juridiques diverses qui, sous la houlette d'un Directeur

général, préparent les délibérations du Collège et en assurent l'exécution ;

- des correspondants locaux (130 en 2010) habilités à recevoir les réclamants. Ils avaient un rôle d'écoute, d'information et d'orientation. Lorsque des cas de discrimination étaient identifiés, ils pouvaient procéder à un règlement amiable ou transmettre le dossier au siège pour enquête.

4. Les modalités d'intervention

Elles sont diverses mais cherchent avant tout à mettre fin à des discriminations constatées.

A. La nature des réclamations

Les demandes adressées à l'Institution sont classées, par un premier examen, en deux catégories. Les unes, les 2/3 environ, aboutissent à ce qu'on donne des informations aux requérants, qui les utilisent comme ils le peuvent. Les autres, 1/3 environ, font l'objet d'une instruction dite « primaire », plus approfondie.

Le nombre des réclamations n'a pas cessé de croître rapidement au cours des six années d'existence de l'Institution. Elles sont passées de 1 410, en 2005 à 6 992 en 2007 et à 12 467 en 2010, reçues, soit par les correspondants locaux, soit centralement, par courrier ou sur le site internet de la HALDE.

Si on classe les réclamations reçues en 2010 par critères, on obtient les principaux pourcentages suivants : l'origine des requérants, sans plus de précisions (27 %), l'état de santé y compris le handicap (19 %), l'âge (6 %), les activités syndicales (5 %), le sexe et la grossesse (4,5 % chacun) la situation de famille et l'orientation sexuelle (2,5 % chacun), etc.

Si l'on procède à la répartition de ces réclamations par domaines principaux, 49,7 % du total évoquent des discriminations dans l'emploi privé et public (que ce soit à l'embauche ou encours de carrière), 11,5 % dans le fonctionnement de services publics, 10,6 % dans l'accès à des biens et services privés, 5 % dans le logement, etc.

B. Le traitement des réclamations

Le traitement de ces réclamations a conduit : soit à des enquêtes (5 658 en 2010), soit à d'autres « issues » : classement comme étant hors du champ de compétence de la HALDE, réorientation vers d'autres institutions, et procédures abandonnées faute de pouvoir étayer la discrimination.

En prenant l'exemple de 2010 (les données chiffrées sont extraites du Rapport annuel) , les enquêtes approfondies ont donné lieu :

- au constat que la discrimination alléguée n'était pas établie ou à une solution rapide, du seul fait que la HALDE a été mise dans le circuit et en raison de son autorité morale (4 882) ;
- à des règlements amiables (452) effectués par des correspondants locaux ou par des chargés d'enquête du Siège de la HALDE ;
- à des « rappels à la loi » (41) adressés à des fautifs ;
- à des transmissions au parquet à des fins de poursuites (41) ;
- et a une transmission au Collège pour traitement par délibération de sa part (279). Il s'agit des questions les plus délicates.

Si l'on regarde ce qui s'est passé sur une plus longue période, de 2005 à 2009, le Collège a pris 1 669 délibérations avec, pour conclusions :

- des recommandations générales : 673, suivies, selon la HALDE, à 77, 5 % ;
- des recommandations individuelles : 296 suivies à 70 % ;
- des observations devant des tribunaux de tous ordres, lors d'affaires concernant des plaignants : 443, avec 81 % de suites favorables ;
- des médiations : 144, avec dénouement favorable dans 63,5 % des cas ;
- des propositions de transactions pénales faites aux parquets : 40, qui ont presque toutes été homologuées.

Les délibérations ont constitué chacune une « arme », pouvant avoir plusieurs effets :

- parfois elles ont conduit à mettre fin à la mesure discriminatoire critiquée, à indemniser une personne qui a été victime d'une discrimination…
- parfois, elles ont conduit à un engagement, par une Institution critiquée, à mettre fin à certaines pratiques, à mettre en place une formation contre les discriminations…
- parfois elles ont conduit à modifier un cadre juridique critiqué : dans un projet d'établissement, dans une circulaire ministérielle...
- parfois elles se sont trouvées validées par la décision de la juridiction devant laquelle elles ont été produites.

C. Quelques exemples

Pour illustrer l'action de la HALDE, nous résumerons quelques-unes de ses réalisations extraites de son dernier Rapport (2010).

Un cas individuel : La HALDE, saisie par une requérante, ayant, lors de son enquête, relevé l'existence d'une présomption de discrimination en raison de l'âge, dans la procédure de recrutement d'une candidate à un poste d'agent hospitalier, a organisé une médiation. Le préjudice subi fut réparé à hauteur de 2000 euros et la réclamante s'étant présentée à un nouveau recrutement, sa candidature n'a pas été rejetée et elle a même intégré l'hôpital en qualité de titulaire. (Délibération n°2009-296).

Un autre cas individuel : Voici un avis d'un établissement scolaire, reçu par des parents : « Nous pouvons procéder à l'inscription définitive de vos deux enfants et non en liste d'attente, comme annoncé. » Mais l'un des enfants souffre d'épilepsie. Deux mois après le premier avis, les parents reçoivent un autre avis ainsi rédigé : en raison du « nombre important de nos élèves [...] nous sommes donc au regret de ne pouvoir l'inscrire dans notre établissement faute de place.
PS. Merci de nous informer si vous maintenez la demande d'inscription pour votre second fils qui est en liste d'attente. »

La HALDE, saisie, a jugé ce refus discriminatoire, car fondé sur l'état de santé de l'enfant. Les parents ayant également porté plainte devant un tribunal, le parquet a demandé à la HALDE son avis. Il lui a été transmis par son « Collège », qui avait effectué une enquête d'où il ressortait que tous les éléments d'un délit de discrimination fondé sur le critère du handicap, réprimé par le Code pénal, étaient réunis. (Délibération n°2010-033).

Quelques recommandations d'ordre général.
Il s'agit là, alors que les travaux préparatoires ont été très approfondis, de propositions ou de simples exhortations.

Par exemple, deux « délibérations cadres » (fort utiles à des requérants pour défendre leurs droits), de 2010, ont concerné :

- l'une les inégalités en matière de retraites des femmes par rapport à celles des hommes, avec des

« suggestions » aux Pouvoirs publics et à certains acteurs économiques et sociaux pour les réduire ;

- l'autre, les discriminations qui « polluent » le domaine des assurances, contenant des « conseils » adressés au Gouvernement, aux banques et aux assurances visant à les réduire.

Les Rapports annuels donnent ainsi des exemples précis et nombreux de délibérations ayant abouti positivement, mais évoquent aussi des « points de blocage », c'est-à-dire des situations dans lesquelles les positions de la HALDE n'ont pas été suivies car, comme il est dit dans son Rapport de 2008 (p 27) : « certaines recommandations de la HALDE se heurtent à l'inertie ou à un refus explicite des administrations et des entreprises ».

Lorsque ses recommandations ne sont pas suivies d'effets, elles donnent lieu à une délibération votée au « Collège », qui constitue un « rapport spécial », publié au Journal Officiel. En voici deux exemples :

Par délibération du 28 septembre 2009 (2009-336), le Collège de la HALDE a considéré que le fait de réserver le bénéfice de congés pour événements familiaux aux salariés mariés était constitutif d'une discrimination au détriment des salariés unis par un pacte civil de solidarité. Il a donc recommandé au ministre chargé du travail, d'initier une réforme législative visant à modifier un article du Code du travail relatif aux congés pour événements familiaux.

Aucune suite favorable à cette recommandation n'ayant été donnée, le Collège a décidé de publier un « rapport spécial » au Journal Officiel du 14 mars 2010.

Par délibération du 28 novembre 2008 (2008-245), la HALDE a considéré comme discriminatoires les dispositions d'un décret de 1987 relatif aux conditions de recrutement et d'emploi de vacataires pour l'enseignement supérieur qui interdisent à un étudiant reconnu travailleur handicapé d'assurer des vacations en qualité de chargé de travaux dirigés, au-delà de l'âge de 28 ans.

La HALDE a recommandé au ministre en charge de l'enseignement supérieur, de modifier ce décret pour le mettre en conformité avec un article d'une loi de 1984 portant dispositions statutaires relatives à la fonction publique de l'Etat.

La recommandation n'ayant pas été suivie d'effet, la HALDE l'a rendue publique comme « rapport spécial » au Journal Officiel du 23 avril 2010.

D. La promotion de l'égalité

Porter la « bonne parole » dans l'espoir de changer les pratiques est une mission que la HALDE a réalisée par l'élaboration de guides de bonnes pratiques, par des formations dispensées dans des cénacles variés et en faisant réaliser des campagnes d'information, notamment destinées à mieux faire connaître la possibilité de recours auprès de la HALDE mais aussi des tribunaux.

Par exemple, une recommandation a visé à mettre en place de « bonnes pratiques », dans les organismes de logement social, pour progresser sur l'égalité des chances et de traitement des candidatures, dans l'accès aux logements de ce type.

5. Conclusions

Louis Schweitzer, qui fut Président de la HALDE de son origine à 2010 (l'Institution n'ayant ensuite été présidée par Jeannette Bougrab puis par Éric Molinié, que pendant quelques mois chacun) écrivit dans le Rapport de 2008 (p 1) :

« La HALDE sait que la lutte contre les discriminations, une réelle égalité des chances, ne peuvent dépendre de sa seule action ; elles impliquent un volontarisme républicain des pouvoirs publics, des collectivités territoriales, une mobilisation des acteurs économiques et sociaux et des administrations ; la crise économique qui traverse le monde ne fait que renforcer cette mobilisation. »

Il compléta ces remarques dans le Rapport de 2009 (p 5), l'année qui précéda l'absorption de la HALDE par le Défenseur des droits : « La HALDE a traité plus de vingt-six mille dossiers depuis sa création dont plus de dix mille au cours de la seule année 2009. Ses délibérations ont conduit à modifier des règles qui n'assuraient pas l'égalité des droits, suscité des progrès de la jurisprudence sur les discriminations et surtout permis de résoudre les problèmes concrets de celles et ceux qui ont fait appel à la Haute autorité. L'action pour la promotion de l'égalité a mobilisé des employeurs publics et privés, des intermédiaires de l'emploi, des acteurs du logement et de l'enseignement ; elle a contribué à ce qu'ils s'engagent, sur la base de méthodes et d'indicateurs précis, en faveur d'une plus grande égalité.

Beaucoup a été fait mais beaucoup plus reste à faire. »

Eric Molinié, le dernier Président de la HALDE écrivait, en introduction au dernier Rapport, celui de 2010 (p 6) :

« Les discriminations ont été décrites comme un véritable fléau pour notre société. Elles sont une forme d'injustice particulièrement révoltante qui mine le pacte républicain, puisqu'elles sont la négation du principe d'égalité, qui fonde notre République [...] Ce n'est que par l'adhésion et la conviction que se produira le changement de comportement qui garantira une prévention durable des mécanismes discriminatoires. [...] Le Défenseur des droits qui poursuivra demain le travail entamé pourra s'appuyer sur le solide bilan de la HALDE pour construire un débat serein sur les évolutions de notre société dans le respect de nos valeurs républicaines et le souci de renforcer notre volonté commune de mieux vivre ensemble. »

Seconde partie. L'Institution du « Défenseur des droits »

En 2005, un rapport sur les « autorités administratives indépendantes avait été demandé au sénateur Patrice Gélard, par l'Office parlementaire d'évaluation de la législation. Ce document concluait qu'il serait « nécessaire ◊ d'envisager le regroupement de certaines d'entre elles, statuant dans des domaines voisins. Cette importante question a été reprise ultérieurement par le gouvernement.

Chapitre 1. La création de l'Institution

1. Le projet du « Comité Balladur »

A la suite du discours du Président de la République, Nicolas Sarkozy, le 12 juillet 2007, sur le thème de la « Démocratie irréprochable », un Comité de réflexion et de préparation sur la modernisation et le rééquilibrage des institutions de la Vème République a été créé, présidé par Edouard Balladur. Dans son rapport (29 octobre 2007), intitulé « Une Vème République plus démocratique », un chapitre entier fut consacré à des droits nouveaux pour les citoyens, dans lequel fut proposé d'instituer un « Défenseur des droits fondamentaux ».

Partant du constat qu'existaient plusieurs Institutions ayant des attributions complémentaires avec des champs de compétence empiétant en partie sur celui du Médiateur de la République, le Comité avait souhaité « qu'une étape importante soit franchie dans le sens d'une amélioration de la protection des droits des citoyens ». Inspiré par le « Défenseur du peuple » en Espagne, le Comité estimait souhaitable :

- que soit institué ce Défenseur des droits fondamentaux, désigné à la majorité des 2/3 par l'Assemblée nationale ;
- que son existence soit « constitutionnalisée» ;
- qu'il regroupe l'ensemble des autorités administratives indépendantes œuvrant dans le champ de la protection des libertés ;
- et qu'il puisse être directement saisi par les personnes intéressées sans passer par le filtre des parlementaires.

2. La réforme constitutionnelle de 2008

L'exposé des motifs du projet de loi constitutionnelle de modernisation des institutions de la Vème République indiquait succinctement : « L'article 31 du projet institue, en un article 71-1 nouveau de la Constitution, un Défenseur des droits qui pourra être saisi par toute personne s'estimant lésée par le fonctionnement d'un service public ; une loi organique précisera ses modalités d'intervention ainsi que les autres attributions susceptibles, le cas échéant, de lui être dévolues en complément de sa mission constitutionnellement définie. »

Le débat parlementaire a largement porté sur les Institutions qui pourraient être fusionnées à cette occasion, mais aussi sur le mot « citoyen » qui devait faire partie du nom de la nouvelle institution, qui a pu paraître réducteur par rapport au « Défenseur des droits fondamentaux » qui avait été proposé par le Comité Balladur. C'est finalement le titre de « Défenseur des droits », sans plus de précision, qui a été retenu.

Une partie des parlementaires a défendu l'idée que cette nouvelle Institution n'était pas souhaitable. Ainsi, Jacques Myard, député, le 29 mai 2008, a affirmé, devant l'Assemblée nationale : « Il est impossible de faire entrer de plain-pied dans la Constitution une institution de la sorte, qui voudrait faire concurrence à la libre administration de la justice »

Lors du débat, Michèle Alliot-Marie, Garde des Sceaux, ministre de la Justice a déclaré, devant l'Assemblée nationale, à la même séance : « En France, le Médiateur de la République a fait un travail remarquable. Il ne peut pas être saisi directement par les citoyens et ne dispose que d'une autorité morale. Inscrire l'existence d'un véritable défenseur des droits des citoyens dans la Constitution permettra de renforcer la protection des droits. Le défenseur pourra être saisi par toutes les personnes dont les droits auront été méconnus par l'administration, et nous pourrons lui confier de véritables pouvoirs de contrôle de l'administration. A terme, ce sera aussi un moyen de rationaliser, et c'est aussi un objectif, les différentes autorités administratives indépendantes qui existent dans ce domaine. »

La loi constitutionnelle du 23 juillet 2008, parmi de nombreuses modifications de la Constitution, y a adjoint un Titre XI bis intitulé « Le Défenseur des droits », qui « veille au respect des droits et libertés par les administrations de l'Etat, les collectivités territoriales, les établissements publics ainsi que par tout organisme investi d'une mission de service public, ou à l'égard duquel la loi organique lui attribue des compétences ».

Car c'est à une loi organique que la Constitution a renvoyé pour décliner avec précision les principes qu'elle énonce, étant entendu que la Constitution tranche un point essentiel, à savoir que le Défenseur sera nommé par le Président de la République et non pas choisi, à une majorité qualifiée, par l'Assemblée nationale.

Chapitre 2. Les domaines de compétence

Deux lois, une loi dite « organique, c'est-à-dire prévue par la Constitution, pour la compléter par certaines dispositions, et une loi ordinaire, comportant des dispositions complémentaires, ont créé l'Institution le 29 mars 2011 (loi organique n° 2011-333 et loi n° 2011-334). Ces textes ont été suivis de plusieurs décrets :

Le projet gouvernemental envisageait de regrouper le Médiateur de la République, le Défenseur des enfants et la Commission nationale de déontologie de la sécurité, mais de maintenir en dehors du regroupement, au moins temporairement, deux institutions : la Haute autorité de lutte contre les discriminations et pour l'égalité et le Contrôleur général des lieux de privation de liberté. Le débat parlementaire a sensiblement modifié le projet en intégrant la Haute autorité de lutte contre les discriminations et pour l'égalité au Défenseur des droits.

En outre, aux quatre domaines intégrés à l'Institution en 2011 (article 4 de la loi organique de 2011) a été ajouté un cinquième, en 2016, par la loi organique n°2016-1690 du 9 décembre 2011 ; elle ajoute une compétence en matière d'orientation et de protection des lanceurs d'alerte.

L'Institution est ainsi chargée :

1°/ de défendre les droits et libertés des personnes, dans leurs relations avec les « services publics »

Il s'agit, dans un sens très large, des relations des personnes avec les administrations de l'Etat, les collectivités territoriales, l'administration hospitalière, l'Education nationale, le service public de la justice, les établissements publics et les organismes investis d'une mission de service public.

Cette mission est issue des compétences du Médiateur de la République, mais sensiblement élargie à l'accès aux « droits et libertés ».

Le Défenseur des droits intervient d'une part pour rétablir l'accès aux droits des personnes qui rencontrent des difficultés pour faire aboutir leurs démarches vis-à-vis d'une administration de l'Etat (préfecture, rectorat, agence régionale de santé, etc.), d'une collectivité territoriale (commune, établissement public de coopération intercommunale, région, département), d'un organisme de droit privé chargé d'une mission de service public (caisse d'allocations familiales, caisse d'assurance maladie, caisse d'assurance vieillesse, Pôle emploi, etc.) et de tous autres « services publics » (fournisseurs d'énergie et d'eau, gestionnaires de transports publics, établissements de soins, etc.).

Il intervient aussi, d'autre part, pour défendre les droits fondamentaux des citoyens, dans leurs rapports avec les Services publics tels qu'on vient de les définir, lorsqu'ils sont méconnus ou violés.

2°/ de défendre et promouvoir « l'intérêt supérieur et les droits de l'enfant »

Il s'agit de tous les droits consacrés par les lois ou par un engagement international régulièrement ratifié ou approuvé par la France comme la Convention internationale des droits de l'enfant. Cette mission est directement reprise du Défenseur des enfants.

Le Défenseur des droits intervient lorsqu'il est saisi de faits indiquant que les droits ou l'intérêt d'un enfant ont pu être méconnus (refus d'accès à l'éducation ; refus d'accès à la cantine scolaire ; victime de violences, etc.).

3 / de lutter contre les discriminations et de promouvoir l'égalité

Il s'agit de discriminations, directes ou indirectes, prohibées par les lois ou par un engagement international régulièrement ratifié ou approuvé par la France ainsi que de promouvoir l'égalité. Cette mission est directement reprise de la HALDE.

Le Défenseur des droits intervient quand un réclamant estime être victime d'une différence de traitement directe ou indirecte pour l'un des très nombreux motifs interdits par les lois (origine, sexe, âge, orientation sexuelle, handicap… soit plus de 30 motifs, au début de 2020.) dans un des domaines identifiés par des lois tels que l'accès aux droits, l'emploi (public ou privé), le logement, l'accès à un bien ou à un service, privé ou public, l'éducation, la protection sociale, etc.

4°/ de veiller au respect de la déontologie par les personnes exerçant des activités de sécurité sur le territoire de la République ». Cette mission est directement reprise de la CNDS

Le Défenseur des droits intervient lorsqu'un réclamant l'informe qu'il se considère comme victime ou témoin d'un manquement à sa déontologie professionnelle par une personne exerçant une activité de sécurité (policier, gendarme, personnel pénitentiaire, agent de sécurité privée), tel que : des gestes ou propos déplacés ; des insultes ou des menaces ; un usage disproportionné de la force ; une fouille corporelle abusive ; un contrôle d'identité effectué dans des conditions anormales ; des difficultés pour déposer une plainte ; des mesures contestables de contrainte ou de privation de liberté (interpellation, perquisition, garde à vue, rétention, etc.).

5°/ d'orienter et protéger des lanceurs d'alerte (depuis 2016)

La loi n°2016-1691 du 9 décembre 2016, relative à la transparence, à la lutte contre la corruption et à la modernisation de la vie économique contient un chapitre consacré à la protection des lanceurs d'alerte, dont elle donne une définition précise :
« Un lanceur d'alerte est une personne physique qui révèle ou signale, de manière désintéressée et de bonne foi, un crime ou un délit, une violation grave et manifeste d'un engagement international régulièrement ratifié ou approuvé par la France, d'un acte unilatéral d'une organisation internationale pris sur le fondement d'un tel engagement, de la loi ou du règlement, ou une menace ou un préjudice grave pour l'intérêt général, dont elle a eu personnellement connaissance. »

La loi organique n°2016-1690, de la même date, a amendé la loi organique du 29 mars 2011 créant le Défenseur des droits et donné au Défenseur des droits cette compétence nouvelle, d'orienter et de protéger les lanceurs d'alerte.

Le Conseil constitutionnel ayant jugé inconstitutionnelle une disposition du texte voté, le dispositif permettant au Défenseur des droits d'apporter une aide financière aux personnes qui peuvent le saisir, ce cinquième domaine de compétence du Défenseur des droits se borne donc à deux missions :

Celle d'informer : il a pour rôle d'orienter les lanceurs d'alerte dans le maquis extrêmement touffu des dispositifs d'alerte . Touffu car les champs possibles de l'alerte sont très étendus (délit, crime, activité gravement contraire à l'intérêt général dans tous les domaines : santé environnement, économie…). Touffu aussi car les statuts des personnes susceptibles de lancer une alerte relèvent d'un grand nombre de situations et de régimes juridiques (salariés du secteur privé, fonctionnaires, agents publics…) ;

Celle de les protéger : si, du fait du signalement qu'il a effectué, le lanceur d'alerte fait l'objet de représailles de la part de son employeur, le Défenseur des droits a d'abord pour mission d'analyser s'il y a effectivement un lien direct entre la sanction et l'alerte et, ensuite, si celle-ci a été effectuée dans les conditions fixées par la loi, le Défenseur pourra utiliser ses pouvoirs d'intervention pour le protéger.

Comme le conclut le Défenseur des droits dans le Rapport annuel de 2017 (p 115) : « Davantage qu'une nouvelle compétence, le Défenseur des droits exerce sa mission traditionnelle de protection des victimes de discrimination auprès d'un nouveau public. »

Chapitre 3. Les débuts de la nouvelle Institution

Le 23 juin 2011, Dominique Baudis était nommé Défenseur des droits et, dans son premier Rapport annuel, celui concernant 2011, il a ainsi résumé la situation telle qu'il en héritait de ses prédécesseurs :

« C'est une société en voie de déshumanisation que décrivaient l'an dernier les responsables des quatre autorités aujourd'hui regroupées dans le cadre du Défenseur des droits.

Une société au bord de la crise de nerfs pour le Médiateur de la République, Jean-Paul Delevoye, qui alertait sur le burn-out.

Une société blessée par le "fléau des discriminations", dont le président de la Haute autorité de lutte contre les discriminations et pour l'égalité (HALDE), Eric Molinié, rappelait qu'"elles sont une forme d'injustice particulièrement révoltante qui mine le pacte républicain".

Une société où "la précarité touche près de 2 millions d'enfants en France", constatait la Défenseure des enfants, Dominique Versini.

Une société où l'autorité indépendante chargée de veiller à la déontologie de la sécurité rencontrait "des difficultés, des oppositions, des échecs" dans sa mission de défense des Droits de l'homme", écrivait Roger Beauvois, président de la Commission nationale de déontologie de la sécurité. »

Et il concluait : « Ce tableau brossé par mes prédécesseurs donne la mesure de la tâche et de l'urgence. Il traduit une crise de confiance : notre République est-elle capable de se hisser à la hauteur de ses idéaux ? [...] Avec la création du Défenseur des droits, la République a relevé le défi ». (p 2)

Des réponses à cette question sont venues au fil des ans, sous la plume des Défenseurs des droits eux-mêmes (Jacques Toubon ayant succédé à Dominique Baudis, après le décès de ce dernier, le 16 juillet 2014) ou de leurs adjoints, dans les très officiels Rapports annuels d'activité.

Le Défenseur des droits allait devoir organiser la symbiose entre les quatre institutions regroupées et, grâce à une Institution plus accessible et aux pouvoirs juridiques plus étendus, mieux répondre à l'aspiration profonde que les droits et libertés, l'égalité et la solidarité, qui fondent le pacte républicain » soient mieux garantis.

Regrouper quatre Institutions n'a pas été une tâche aisée, chacune de ces entités ayant son rôle, sa personnalité et ses spécificités. En outre, si les lois de 2011 ont organisé leur fusion, elles en ont maintenu, en partie, les spécificités. Au poids des acquis, à l'organisation des Institutions, à leurs méthodes variées et outils différents de travail, s'ajoutait la répartition géographique des différents sièges.

Une enquête effectuée, en 2012, par le professeur Jacques Chevallier, intitulée « Le défenseur des droits : une intégration réussie ? » (publiée dans la Revue française d'administration publique, ENA, en 2013), a permis de cerner les nombreuses difficultés des premiers pas de la nouvelle Institution, qui ont été progressivement surmontées.

Elle conclut : « La stratégie d'intégration qui a été adoptée par les responsables de l'Institution présentait tous les aspects d'un pari, compte tenu d'un ensemble de contraintes imposées par les pouvoirs publics et des résistances qu'elle ne pouvait manquer de susciter au sein des anciennes autorités. L'impression générale au sein de l'institution est que le pari a été pour l'essentiel gagné, même si beaucoup reste à faire pour consolider les fondations qui ont été posées et parachever l'armature qui a été édifiée. » (p 759)

Chapitre 4. Saisir l'Institution pour tenter de régler des problèmes

L'accès à l'Institution est ouvert par plusieurs canaux que définissent les articles 5 et 7 de la loi organique. Elle peut être « saisie », c'est-à-dire interpellée par toute personne qui s'estime lésée dans l'un ou l'autre des domaines de compétence de l'Institution, notamment celui du fonctionnement des services publics, et, plus particulièrement :

- par un enfant qui invoque la protection de ses droits ou une situation mettant en cause son intérêt, par ses représentants légaux, les membres de sa famille, les services médicaux ou sociaux ou par toute association régulièrement déclarée depuis au moins cinq ans à la date des faits, et se proposant, par ses statuts, de défendre les droits de l'enfant.
- par toute personne qui s'estime victime d'une discrimination, directe ou indirecte, prohibée ou par une association dont l'objet est de combattre les discriminations ou d'assister les victimes de discriminations.
- par toute personne qui a été victime ou témoin de faits dont elle estime qu'ils constituent un manquement aux règles de déontologie dans le domaine de la sécurité.
- par un élu au Parlement ou un représentant français au Parlement européen.
-

Par exemple, les modes de saisine, en 2018, se sont ainsi répartis :

- au siège : par formulaires de saisine informatique (57,2 %) et par courriers (42,8 %) ;
- auprès des délégués : par un accueil physique (77,5 %), par courriels (9,5 %), par téléphone (7,5 %) et par courriers (5,5 %).

A quoi s'ajoute la possibilité ouverte au Défenseur des droits de se saisir lui-même de situations qu'il juge particulièrement graves, dès l'instant où il en a eu connaissance. Ainsi le Défenseur des droits se saisit :

- dans le cadre de la déontologie des forces de sécurité, des situations dans lesquelles un mort est à déplorer ;
- dans certaines occurrences où sont en jeu des droits de l'enfant ; lorsque les parents ne sont pas en mesure de le saisir (par exemple en cas de refus d'inscription à l'école d'enfants dont les familles sont sans domicile clairement établi), ou en cas d'atteinte caractérisée aux droits d'un enfant par ses parents ;
- lorsqu'une situation collective rend complexe l'identification des victimes, par exemple en cas de dysfonctionnement d'un service public ;
- lorsqu'il y a provocation à la discrimination à l'encontre d'un groupe social. Ainsi, par exemple, inquiet des conséquences possibles d'une discrimination à relents anti musulmans, le Défenseur des droits s'est saisi d'office du cas d'un maire qui a procédé à la suppression des menus de substitution dans les cantines scolaires et imposé un menu comprenant de la viande de porc à raison d'un jour par semaine, donc sans autre choix possible.

En 2018, 34 999 saisines ont simplement constitué des demandes d'information sur l'accès des citoyens aux droits ainsi que leur orientation.

Les autres saisines étaient des réclamations, soit au siège (21,6 %), soit auprès des délégués (78,4 %). Elles se sont ainsi réparties (une réclamation pouvant rentrer dans plusieurs des compétences du Défenseur des droits) :

relations avec les services publics	55 788
lutte contre les discriminations	5 631
défense des droits de l'enfant	3 029
déontologie des forces de sécurité	1 520
orientation et protection des lanceurs d'alerte	84

Chapitre 5. Le Défenseur

Le Défenseur des droits, c'est le nom d'une institution mais c'est aussi le terme qui désigne son dirigeant.

Une personne est nommée Défenseur (des droits), par décret en conseil des ministres, donc par le Président de la République, après un avis majoritairement positif exprimé, au nom de chacune des Chambres du Parlement, par l'une de leurs Commissions. C'est la procédure prévue à la fin de l'article 13 de la Constitution.

Son indépendance est organisée par l'article 2 de la loi organique. En outre, le Défenseur des droits est pratiquement inamovible (sauf une procédure « d'empêchement », prévue à l'article 1er de la loi organique, instituée par un décret en Conseil d'Etat). Tout ceci est nécessaire pour assurer son indépendance et sa liberté de parole et d'action dans la mise en œuvre de ses pouvoirs.

Sa fonction est évidemment incompatible avec de nombreuses autres fonctions d'importance, dont la liste figure à l'article 3 de la loi organique.

Dominique Baudis fut le premier titulaire de la fonction ; Jacques Toubon lui a succédé en 2014.

Chapitre 6. Les adjoints et les « Collèges »

La fusion de plusieurs Institutions dans la fonction du Défenseur des droits, héritier direct du Médiateur de la République, n'a pas fait totalement disparaître des rémanences des trois autres Institutions disparues. Sur proposition du Défenseur, ce qui affirme sa prééminence sur l'Institution, le Premier ministre nomme ses « adjoints » (conformément à l'article 11 de la loi organique) :

le premier, qui va jusqu'à conserver le titre de Défenseur des enfants, est choisi pour ses connaissances ou son expérience dans ces domaines ;

le second est choisi pour ses connaissances ou son expérience dans les domaines de la déontologie des institutions de sécurité ;

le troisième est également choisi en fonction de ses compétences en matière de lutte contre les discriminations et pour la promotion de l'égalité.

Les incompatibilités avec d'autres fonctions sont les mêmes que celles concernant le Défenseur lui-même, sous l'autorité duquel ils sont placés.

Trois entités de personnalités qualifiées, constituant chacune un « collège », ont été instituées, auprès des adjoints, qui en sont les « vice-présidents », car leur présidence est assurée par le Défenseur lui-même. Ces collèges « assistent » le Défenseur pour l'exercice de ses attributions ; il les « consulte » :

- le collège compétent en matière de droits de l'enfant comprend, outre l'adjoint, deux personnalités qualifiées choisies par le Président du Sénat, deux par le Président de l'Assemblée nationale, une par le Président du Conseil économique, social et environnemental, une par la Cour de cassation. (article 14)
- le collège compétent en matière de déontologie de la sécurité comprend, outre l'adjoint, trois

personnalités qualifiées désignées par le président du Sénat, trois par le président de l'Assemblée nationale, une par le vice-président du Conseil d'Etat et une par la Cour de cassation. (article 13)

- le collège compétent en matière de lutte contre les discriminations et de promotion de l'égalité comprend, outre l'adjoint, trois personnalités qualifiées, désignées par le président du Sénat, trois par le président de l'Assemblée nationale, une représentant le Conseil d'Etat et une la Cour de cassation. (article 15)

Chaque année, les « collèges » sont réunis à plusieurs reprises, parfois regroupés, pour délibérer sur certaines recommandations particulièrement importantes.

Par souci d'équilibre, un « Délégué général à la médiation avec les services publics », non assisté d'un collège, a toujours « coiffé » cette activité importante du Défenseur des droits, dans la droite ligne du Médiateur de la République.

Chapitre 7. Le Siège et ses fonctions

L'organisation et le fonctionnement des services du Défenseur des droits sont régis par le décret n° 2011-905. L'Institution fonctionne avec de nombreux agents (226 à la fin de 2018, ce qui correspond à une administration centrale importante), ayant des compétences diverses et complémentaires ; nombre d'entre eux sont juristes.

Sous la houlette d'une Secrétaire générale (c'est au Secrétariat général que sont rattachés les services d'administration générale) œuvrent plusieurs Directions. L'une anime le réseau de délégués territoriaux (voir ci-dessous). Une autre constitue la « porte d'entrée » de l'institution ; il s'agit de la direction « Recevabilité ; orientation ; accès aux droits ». Une direction assure le pilotage et la mise en œuvre des actions de communication de l'institution et une autre, ses activités de recherche, de rapports et de promotion des bonnes pratiques. Enfin, deux directions d'instruction, organisées en pôles thématiques, traitent « au fond » les réclamations dont l'institution est saisie pour aboutir aux diverses modalités d'intervention du Défenseur des droits, l'une traitant des affaires relevant de la compétence du juge administratif, et la seconde des affaires relevant du juge judiciaire.

En outre, il y a au siège une plateforme d'information qui répond aux appels téléphoniques : le 09 69 39 00 00

1. D'abord, un travail de tri des saisines

La direction « Recevabilité, orientation et accès au droit » reçoit les demandes qui arrivent au Siège de l'Institution par voie postale (Défenseur des droits. Libre réponse 71 120 .75 342 Paris Cedex 07) et par internet. Elle assure notamment un traitement de premier niveau des saisines. Par ailleurs, elle gère la plateforme d'information téléphonique. En 2018, 46 243 appels téléphoniques ont été reçus.

En 2018, 22 653 les dossiers du siège ont été classés ainsi, selon les domaines de compétence de l'Institution (étant entendu que certains peuvent recevoir plusieurs qualifications) :

accès aux droits	2 244(8,3 %)
relations avec les services publics	17 047(63,5 %)
lutte contre les discriminations	4 122(15,4 %)
enfance	2 029(7,6 %)
déontologie de la sécurité	1 306(4,9 %)
protection et orientation des lanceurs d'alerte	84(0,3 %)

La direction « recevabilité, orientation et accès aux droits » explique, à 20 % environ des requérants, en écoutant leurs doléances, pourquoi l'Institution n'est pas celle à laquelle ils doivent s'adresser et elle les dirige vers les interlocuteurs les plus compétents, par exemple en cas de litige relatif à l'emploi sans lien avec une situation de discrimination, ou en cas de litige purement privé : médiateurs ou conciliateurs dédiés au problème soulevé ; associations, etc. Dans d'autres cas, la plateforme téléphonique indique la procédure qui semble la plus appropriée et aide éventuellement à constituer des dossiers.

Les réclamations font l'objet enfin :

- soit de l'attribution du dossier à un Délégué territorial avec lequel le requérant entre en contact, pour une recherche de solution amiable, dans les domaines où ce processus de règlement est prévu ;
- soit d'un envoi du dossier aux 2 directions d'instruction du Siège (qui traitent aussi de dossiers qui leur sont envoyés par les Délégués, soit parce que ces questions ne relèvent pas de leur compétence, soit parce qu'ils ne parviennent pas à les traiter) .

2. Ensuite, leur traitement au fond

Deux directions du siège instruisent les réclamations adressées à l'Institution : la Direction « Protection des droits ; affaires publiques » ; la Direction « Protection des droits ; affaires judiciaires »

En 2018, selon une classification qui mériterait parfois de longues explications eu égard à ses intitulés mêmes, les principaux « domaines d'intervention » du siège furent les suivants :

protection sociale	19,3 %
amendes et circulation routière	11,4 %
divers services publics	9,7 %
justice	8,9 %
fonction publique	6,2 %
droits des étrangers	5,5 %
déontologie de la sécurité	5,0 %
protection de l'enfance	4,9 %
biens et services privés	4,7 %
fiscalité	3,6 %
éducation nationale et enseignement supérieur	3,3 %
logement	3,0 %
santé	2,8 %
vie privée	2,3 %
opérateurs de réseaux	1,7 %
professions réglementées	0,8 %
libertés publiques	0,6 %

Une importante fraction des effectifs du siège (de nombreux juristes) se consacre donc à préparer les interventions du Défenseur des droits, à un niveau central, et à épauler les délégués territoriaux quand ils sollicitent une aide.

De nombreux articles des lois du 29 mars 2011 et du décret 2011-904 définissent les procédures de travail afin, tout à la fois, de permettre à l'Institution de s'informer et de procéder à des investigations sans se heurter à trop d'obstacles et de « cadrer » le travail des agents. Ainsi, l'Institution du Défenseur des droits est dotée de pouvoirs d'enquête : les articles 18, 21 et 22 de la loi organique, définissent ses pouvoirs de questionnement et de vérification sur place ainsi que les droits des personnes enquêtées et ceux de l'Institution pour éviter qu'elle ne se heurte à des fins de non-recevoir. Tous ces pouvoirs sont réservés aux services d'instruction du siège, les délégués territoriaux en étant exclus.

3. Réaliser des études

Nous aborderons plus loin cette question des études faites, dirigées ou coordonnées par les services du Siège dans les domaines de la responsabilité du Défenseur des droits. Nous nous contenterons d'évoquer ici une enquête sur « l'accès aux droits », qui a mis en lumière et analysé l'importance des non-recours aux droits, dans tous les domaines de compétence du Défenseur des droits. Depuis lors, elle aide à structurer une part notable de leurs prises de position par les services d'instruction.

Le Défenseur des droits a fait procéder à une enquête statistique, qui a porté sur un échantillon de 5117 personnes, âgées de 18 à 79 ans, représentatif de la population résidant en France métropolitaine, en termes d'âge, de sexe, de catégories professionnelles et de niveaux de diplômes, élaborée avec les conseils statistiques de l'Institut national d'études démographiques et d'un laboratoire du Centre national de la recherche scientifique. Il en ressort quelques conclusions frappantes, développées au tout début du Rapport d'activité de 2016 (d'où sont extraites les citations qui suivent) : la confiance fait trop largement défaut dans les institutions et dans les procédures.

1°/ Concernant les relations des personnes avec les services publics

« Une personne sur cinq éprouve des difficultés à effectuer les démarches administratives et une même proportion pense qu'une décision défavorable d'un service public n'est pas contestable. » Ceci résulte de :

- « facteurs techniques » : un nombre important de personnes n'ont pas accès à internet ou se heurtent à des difficultés pour s'en servir, alors que la dématérialisation des démarches administratives a été lancée à marche rapide ;
- mais aussi de « facteurs socio-politiques » : le « surplomb » historique des fonctionnaires sur les personnes, plus considérées comme des « administrés » que comme des « citoyens », avec toute la « noblesse » que ce terme devrait avoir dans une démocratie, ou même comme des « clients », expression pourtant de plus en plus souvent employée dans la dérive consumériste de la Société.

Ainsi, à la question « Pourquoi n'avez-vous pas cherché à contacter ou à recontacter l'administration ou le service public en question ? » (c'est-à-dire celui qui n'a pas répondu), les réponses (plusieurs ont parfois été données par une même personne) ont été :

ça ne sert à rien	40 %
les démarches sont trop compliquées	38 %
a trouvé une solution ailleurs	18 %
ne connait pas les recours	14 %
le problème s'est résolu tout seul	8 %
autres	22 %

Nombreux sont ceux qui, en abandonnant des démarches par découragement, abandonnent aussi la possibilité que ces démarches puissent faire apparaître un déni de droit.

2°/ Concernant les droits de l'enfant

Des conclusions du même ordre sont tirées de l'enquête :

« Plus d'un quart de siècle après la ratification de la Convention internationale des droits de l'enfant (7 août 1990), près d'une personne sur deux (48 %) n'est pas en mesure de citer au moins un des droits reconnus aux enfants par cette convention. »

Plus grave encore c'est que cette ignorance « théorique » conduit concrètement à des situations inquiétantes :

« 16 % de la population déclare avoir été témoin d'une atteinte aux droits de l'enfant dans les 5 dernières années [...] En cas d'atteinte aux droits d'un de ses propres enfants, une démarche est alors engagée 9 fois sur 10 pour signaler cette atteinte. Quand les personnes sont témoins d'une atteinte aux droits pour un autre enfant, une part conséquente de ces personnes (49 %) n'engage pas de démarche [...] Hormis les cas (53 %) où c'est l'insuffisance de preuves qui est invoquée, les autres raisons en disent long sur l'individualisme et l'absence de confiance dans les « services publics ».

Les personnes ayant répondu à l'enquête disent, au sujet de leur inaction : que ça ne les regarde pas ; qu'elles ne savent pas vers qui se tourner ; qu'elles n'ont pas confiance en la justice ni en la police ; qu'elles ont peur des conséquences ; qu'elles craignent la réaction des services sociaux.

3°/ Concernant les discriminations

Près de la moitié des personnes interrogées disent avoir été personnellement confrontées à une situation de discrimination (telle qu'elles la vivent, ce qui n'est pas nécessairement reconnu en droit), dans les cinq dernières années.

Mais 80 % des personnes concernées n'ont entrepris aucune démarche pour essayer de faire valoir leurs droits. Les raisons principalement invoquées sont, ici aussi : hormis le manque de preuves (qui n'est pas fréquemment invoqué) : que cela ne sert à rien ; qu'elles ne savent pas vers qui se tourner ; qu'elles n'ont confiance ni dans la justice ni dans la police ; qu'elles ont peur des conséquences.

4°/ Concernant la déontologie des agents en charge de la sécurité

Si la quasi-totalité des personnes interrogées dans l'enquête pense qu'il est possible de porter plainte si des représentants des forces de l'ordre ont des comportements contraires aux règles qui devraient s'imposer à elles, donc à leurs règles déontologiques, 5 % seulement décident d'engager une démarche pour faire valoir leurs droits.

L'écrasante majorité des personnes (sauf lorsqu'elles reconnaissent ne pas pouvoir prouver ce qu'elles disent) explique les non-recours par des motifs qui en disent long sur la crainte que génèrent dans la population certains comportements de membres de ces forces et la faible efficacité des instances chargées de sanctionner les déviances. Elles considèrent : que cela ne sert à rien ; qu'elles n'ont pas confiance en la police et en la justice ; qu'elles ont peur des conséquences.

Cette enquête a mis cruellement en lumière le fossé qui sépare les habitants de France avec les textes et les institutions qui sont censés les protéger : les « gardiens de la paix », au premier chef et les institutions chargées de contrôler et de sanctionner les manquements à leur déontologie.

Chapitre 8. Les délégués

Le Défenseur des droits désigne, sur l'ensemble du territoire, des délégués placés sous son autorité, qui, dans leur ressort géographique (un département), assurent sa mission d'accès au droit au plus près des citoyens. (Initialement, ces délégués ont été ceux des Institutions regroupées dans le Défenseur des droits). Comme dans le cadre du réseau mis en place par le médiateur de la République, le Défenseur des droits désigne aussi des délégués dans des établissements pénitentiaires afin de pouvoir venir en aide à des détenus dans leurs relations avec les services publics.

Ils sont d'abord à l'écoute des doléances des citoyens, ce qui est apprécié par un public généralement désorienté par la complexité des dispositifs auxquels il est confronté. Cette mission fondamentale d'orientation et d'assistance dans les démarches à conduire est la première contribution de l'Institution à l'amélioration de l'accès aux droits.

Outre cette fonction d'information et d'orientation (37 736 interpellations en 2018), les délégués tentent de régler à l'amiable les difficultés individuelles dont ils sont saisis dans des domaines divers et parfois complexes (43 518 dossiers en 2018), plus des neuf dixièmes se situant dans le champ des services publics.

Enfin, ils concourent également à la mission de promotion des droits au niveau local et aux actions d'information et de communication conduites par l'Institution.

Au nombre de 515 au 1er janvier 2020, les délégués départementaux, présents dans 874 points d'accueil répartis sur l'ensemble du territoire national (il y en a au moins 1 par département, y compris outre-mer), bénévoles qui perçoivent cependant une « indemnité », assurent une représentation territoriale à l'Institution. Ils bénéficient de l'appui de 12 chefs et cheffes de pôles régionaux, cadres installés dans toutes les régions depuis la fin de l'année 2019.

Les délégués sont accueillis dans diverses structures qui mettent à leur disposition des moyens de travail (bureau, informatique, téléphone, fournitures) et, éventuellement un secrétariat professionnel. En 2018, ils étaient ainsi répartis :

locaux de collectivités territoriales	180
maison de justice et du droit	174
établissement pénitentiaire	171
préfectures	98
points d'accès au droit	87
sous-préfecture	74
maisons des services publics	72
conseils départementaux	16
hauts commissariats	2

Au 1er janvier 2020, ils sont implantés dans 874 lieux d'accueil.

En 2018, ils ont fourni 43 556 informations au public, réglé les problèmes d'accès aux droits qui leur étaient posés dans 57 % des cas et notamment obtenu des réponses pour des réclamants qui ne réussissaient pas à contacter le service public ou à en obtenir une réponse.

Les dossiers complexes parce qu'épineux, en particulier ceux qui exigent une enquête lourde, lorsque le contentieux est devant le tribunal ou les dossiers qui concernent les lanceurs d'alerte, sont transmis pour traitement au Siège. Quant aux dossiers qui concernent le non-respect des règles de déontologie des forces de sécurité, sauf les dossiers relatifs aux refus de plainte qui font l'objet d'un traitement local, ils sont également transmis pour enquête au siège.

En 2018, les délégués se sont efforcés de régler 45 556 réclamations ainsi classées par nature :

- relations avec les services publics 41 866 (93,3 %)[1]
- lutte contre les discriminations 1 636 (3,6 %)
- défense des droits de l'enfant 1056 (2,4 %)
- déontologie de la sécurité 2145 (0,7 %)

Tentative de règlement ne signifie pas règlement car, un certain nombre d'interlocuteurs « administratifs » des délégués ne leur répondent pas, ce qui conduit des délégués à transférer des dossiers au siège en escomptant que celui-ci, mieux armé (car il peut enserrer une obligation de réponse dans un calendrier) et plus « imposant », pourra, mieux que lui, obtenir des réponses.

[1] Ce sont les relations avec les services sociaux qui sont les plus mises en cause : Caisses d'allocations familiales ; Caisses primaires d'assurance maladie ; Pôle Emploi, CARSAT ; URSSAF et, jadis, le RSI (avant que l'ampleur de ses dysfonctionnements ne conduise à le supprimer).

Troisième partie. Les modes d'intervention directement au soutien des réclamants

Chapitre 1. Panorama des « armes » du Défenseur des droits

Les expressions « défendre », « promouvoir », « lutter contre » et « veiller » sont fortes mais vagues. Ce sont des articles de la loi organique (ainsi que des textes réglementaires), qui cadrent et précisent ces actions. Le Défenseur des droits peut :

1°/ faire des « recommandations », qui sont beaucoup plus « pressantes » que ce mot ne le laisse entendre car il bénéficie d'un réel droit de suite éventuellement renforcé par ce qui pourrait s'apparenter à des injonctions, mais évitent de passer par un tribunal (article 25 de la loi organique) ;

2°/ procéder à des résolutions amiables, visant à trouver une solution consensuelle aux différends ainsi traités, donc sans passer devant un tribunal (article 26) ;

3°/ assister une victime de discrimination ou une personne invoquant la nécessité d'une protection d'un enfant dont un droit est bafoué, les aider à constituer leur dossier et à identifier les procédures adaptées à leur cas (article 27) ;

4°/ à l'issue d'un règlement amiable, proposer une transaction à l'auteur d'une réclamation et à la personne que cette réclamation met en cause, pour protéger des droits qui pourraient se prescrire (article 28 I) ;

5°/ en matière de discrimination visée par le Code pénal, proposer une transaction pénale homologuée par le parquet (article 28 II) qui en assure directement l'exécution.

6°/ saisir l'autorité investie du pouvoir d'engager des poursuites disciplinaires, à l'égard de personnels fautifs, lorsqu'il estime que les faits invoqués peuvent justifier une sanction (article 29) ;

7°/ en cas de discrimination avérée, mais dans certains cas seulement, pouvoir recommander à l'autorité publique qui dispose d'un pouvoir de prendre des mesures conservatoires ou des sanctions, de faire usage de ses pouvoirs (article 30) ;

8°/ lorsque les faits portés à sa connaissance sont constitutifs d'un crime ou d'un délit, informer le procureur de la République et porter à la connaissance de l'autorité judiciaire les affaires concernant un mineur, susceptibles de donner lieu à des mesures d'assistance éducative (article 33) ;

9°/ saisir les autorités locales compétentes de tout élément susceptible de justifier une intervention du service chargé de l'aide sociale à l'enfance (article 35) ;

Les juridictions civiles administratives et pénales peuvent, dans certaines instances, inviter le Défenseur des droits à présenter des observations écrites ou orales et il peut, lui-même, demander à présenter des observations écrites ou être entendu par ces juridictions.

Mais, le Défenseur des droits n'est pas une juridiction. Seules les juridictions peuvent prendre, des décisions qui sont exécutoires, car obligatoires, et qui peuvent comporter des sanctions pénales, ce qui n'est pas le cas du Défenseur des droits. Il ne peut pas non plus remettre en cause une décision juridictionnelle devenue définitive (article 33).

Le Défenseur des droits peut, après en avoir informé la personne mise en cause, rendre publics ses avis, recommandations ou décisions (article 36) avec, le cas échéant, la réponse ou l'absence de réponse faite par la personne mise en cause. Cette publication prend la forme de rapport spécial publié sur tout support et notamment au Journal officiel de la République française.

Par exemple, en 2019, le Défenseur des droits a publié un rapport spécial concernant un litige entre une entreprise, un syndic de copropriété, et la mairie de Montluel.

Cette société ayant reçu du service des eaux de cette commune une facture exceptionnellement élevée, a fait faire des investigations puis a colmaté la fuite responsable ; à la suite de quoi, elle a demandé à la commune l'écrêtement de sa facture, conformément au droit. Faute d'obtenir une réponse, la société a fait appel au Défenseur des droits qui, après enquête, a rappelé la réglementation à la commune et lui a recommandé de s'y conformer. Face au silence de la mairie et malgré une injonction à laquelle il n'a pas été donné suite, le Défenseur des droits a adopté un rapport spécial (Décision 2019-143), contenant de nouveau ses « recommandations » avec un délai de 2 mois pour y répondre. En l'absence de réponse à cette décision dans le délai imparti et en application de l'article 25 de la loi organique, le Défenseur des droits a décidé dans une décision (2019-296) de rendre publique sa position en publiant ce rapport spécial au Journal officiel de la République française le 17 novembre 2019.

De toutes ses activités, c'est évidemment, en restant dans son champ de compétence, l'assistance directe aux personnes dont les droits ne sont pas respectés qui est la plus connue, car elle bénéficie, chaque année, à des dizaines de milliers de personnes. C'est aussi celui sur lequel il est le plus facile de porter un jugement d'utilité.

Si une bonne partie de l'activité du Défenseur des droits vise à sauvegarder les droits des personnes, son action s'exerce soit directement (c'est ce que nous allons voir maintenant en insistant sur les principales modalités d'action), soit indirectement, en influençant le contenu du droit (ce à quoi sera consacré la quatrième partie de cet ouvrage). La Cinquième partie sera consacrée aux « champs de bataille » sur lesquels il utilise ces « armes ».

Chapitre 2. Le règlement informel amiable des litiges

Prévus par l'article 26 de la loi organique, les règlements amiables constituent, en nombre, la première « activité », chaque année, de l'Institution. Lorsqu'une réclamation est recevable, on peut engager une procédure de résolution amiable avec pour objectifs d'instaurer un dialogue entre les parties afin de trouver un accord sur le litige qui les oppose, ce qui aboutit positivement dans la majorité des cas. Par son caractère pédagogique, le règlement amiable peut constituer un outil de prévention de certains comportements.

Notons d'abord qu'une part importante des litiges entre « citoyens » et « administrations » résulte du fréquent « silence » de celles-ci, lorsqu'elles sont interpellées. L'impossibilité d'obtenir une réponse de la part de la personne à laquelle un requérant s'adresse est probablement la première cause des difficultés qui conduisent les personnes à solliciter l'intervention du Défenseur des droits. Ainsi, le Rapport annuel 2016 (p 27) décrit, en quelques phrases, l'ensemble des éléments du grave problème des « non-réponses » :

« Les délégués sont unanimes à dénoncer l'amplification de l'inaccessibilité des services en raison de la suppression des services d'accueil, de la dématérialisation et de l'absence de réponse téléphonique. De fait, tous les dispositifs d'accueil du Défenseur des droits font office de lieu d'information sur les procédures et les droits, assument la fonction de contact avec l'administration et les organismes de protection sociale pour toutes les personnes qui n'arrivent pas à les contacter ou à obtenir des réponses. […] Les réclamations adressées au siège mettent aussi en cause l'absence de réponse qui, cette fois, s'étend aussi à l'administration centrale et au service public de la justice.

Le réseau des délégués et le siège sont également confrontés au problème du non-traitement des demandes, que ce soit par omission, erreur, retard ou insuffisance de moyens, ou encore par incapacité de coordonner la communication nécessaire du Défenseur des droits entre plusieurs administrations pour traiter une situation individuelle. »

Obtenir des réponses (qu'elles soient favorables ou non favorables aux attentes des requérants est une autre affaire) est une tâche parfois extraordinairement longue et malaisée pour les délégués mais aussi pour les services du siège, bien qu'il dispose, lui, de la possibilité de mettre ses interlocuteurs en demeure de répondre dans un délai qu'il fixe. C'est d'ailleurs pour que soit mise en œuvre cette disposition que certains dossiers, pour lesquels les délégués ne parviennent pas à obtenir des réponses, sont transmis au Siège avec l'espoir qu'il sera mieux en mesure d'obtenir des réponses, ce qui est loin d'être toujours le cas.

Au-delà de la seule intervention pour obtenir une réponse, quelle qu'elle soit (ce qui constitue déjà une amorce de règlement amiable), le Défenseur des droits est amené à intervenir dans les différents domaines de sa compétence, par la voie de ses délégués, des services du siège, ou par une collaboration entre ces deux niveaux : ils tentent la « résolution amiable » des litiges, comme prévu à l'article 26 de la loi organique de 2011.

De tels règlements amiables constituent la tâche principale des Délégués (c'est le seul domaine dans lequel ils ont délégation du Défenseur), pleinement dans trois domaines de compétence de l'Institution (fonctionnement d'une « administration » ; droits de l'enfant et discriminations) et, en matière de déontologie, à titre expérimental, pour les refus d'enregistrer des plaintes.

Nous allons illustrer cette fonction absolument primordiale, d'abord par quelques exemples pris dans le domaine des dysfonctionnements de services publics.

1°/ Ce n'est qu'après plusieurs interventions que le Défenseur des droits a obtenu le rétablissement de ses droits à pension de retraite pour un réclamant qui avait envoyé à sa caisse de retraite un certificat de vie dont l'une des mentions avait été blanchie du fait d'une erreur administrative ; le réclamant eut, en outre, un rappel de pension de plus de 10 000 euros (RA 15 0009481).

2°/ ce n'est que grâce à un règlement amiable qu'en 2016, une mère isolée a pu obtenir le rétablissement du versement de l'allocation de soutien familial pour enfant handicapé, qui ne lui avait pas été versée depuis janvier 2012 et ce malgré de nombreuses réclamations écrites et téléphoniques de la requérante, demeurées sans réponses (RA 16 011 775).

3°/ il a fallu un règlement amiable pour obtenir d'un centre des finances publiques, qui réclamait le loyer d'une location de jardin à quelqu'un qui avait pourtant prouvé qu'il n'était pas locataire de ce jardin, qu'il admette son erreur, fondée sur un problème d'homonymie entre la personne à laquelle le loyer avait été réclamé et la personne qui louait effectivement ce jardin (RA 16-005479).

4°/ il a fallu un règlement amiable, faute de réponses à des demandes directes, pour obtenir l'annulation d'une facture demandant à une personne hospitalisée de régler le surcoût d'une chambre individuelle à un hôpital, alors qu'elle y avait été installée d'office, faute de place dans une chambre à deux lits et alors qu'on lui avait garanti qu'il n'y aurait aucun frais y afférent (RA 15-11361).

5°/ il a fallu un règlement amiable pour obtenir l'annulation d'une amende infligée à une passagère accusée de ne pas avoir de titre de transport, alors même que cette personne avait porté plainte pour usurpation d'identité et prouvé qu'au moment de l'infraction, elle était sur son lieu de travail et non pas dans un moyen de transport public (RA 2017 014336).

6°/ il a fallu l'intervention du Défenseur des droits pour qu'une personne mise en cause dans le cadre d'une information judiciaire, ouverte en 2012, soit enfin auditionnée par le juge d'instruction, les dispositions du Code de procédure pénale aux termes desquels « en toutes matières la durée de l'instruction ne peut excéder un délai raisonnable » ayant été oubliées (RA 2017-137).

7°/ l'association « La vie devant soi » procède à l'accueil et dispense des soins à des personnes cérébrolésées. Elle avait fait construire des bâtiments nécessaires à sa mission et avait demandé à bénéficier du taux réduit de TVA. Pour ce faire, elle devait signer une convention avec le préfet du département. L'application du taux réduit de TVA lui fut refusé parce que la date limite de signature de la convention avait été dépassée. Le Défenseur a fait valoir que l'association avait toujours agi, depuis sa création, dans le souci du respect de la loi et des démarches administratives et que le but social de la création du foyer d'accueil médicalisé ne faisait l'objet d'aucun doute. L'administration fiscale a admis une « application mesurée » de la loi fiscale et remboursé à l'association la différence entre les deux taux de TVA. (15 07811) Ceci constitue un exemple de règlement amiable en équité.

8°/ comme l'explique le Rapport annuel de 2012, s'agissant des étrangers demandant un titre de séjour « les conditions de l'accueil en préfecture restent souvent indignes d'un pays comme la France, en dépit des efforts déployés pour mettre un terme à cette situation ». Ainsi, par exemple, après plus d'un an, cinq déplacements à la préfecture et l'obtention de plusieurs récépissés de la demande, une ressortissante chinoise, qui souhaitait obtenir un simple duplicata de sa carte de résident, égarée, n'y est parvenue que grâce à l'intervention du Défenseur des droits auprès du Préfet (RA 2017-143).

9°/ en ce qui concerne les étrangers demandant un titre de séjour alors qu'ils sont hors de France, la situation est généralement très difficile. Comme l'explique le Rapport de 2017, ce fut le cas « pour des demandeurs syriens qui se sont vu régulièrement opposer des refus, en dépit de la situation que connait leur pays ». Le Défenseur des droits a « été saisi du refus de visa "asile" systématiquement opposé aux sept membres d'une famille syrienne qui, ayant fui la Syrie après l'attaque de son village par des membres de l'organisation Daech en 2013, se trouvait réfugiée à Istanbul. La famille indiquait subir en Turquie des brimades liées à son appartenance à la communauté yézidie ». L'intervention du Défenseur des droits a été nécessaire pour qu'ils puissent obtenir des visas (RA 2017-010).

10°/Une collégienne qui, en raison de la « phobie-scolaire » dont elle souffrait avait quitté le collège où elle devait être normalement affectée, proche du domicile familial, avait effectué son année de 3ème via le Centre national d'enseignement à distance (CNED). Celui-ci avait préconisé un redoublement. L'enfant avait souhaité s'installer chez ses grands-parents, dans un autre département, donc dans un autre collège, à la rentrée 2019-2020.

Aucune autorisation à ce « dépaysement » n'avait pu être obtenue des autorités académiques, par les parents. C'est l'intervention du Défenseur des droits qui a permis de lever le blocage à temps pour que la jeune fille soit admise dans un collège proche de l'habitation de ses grands-parents (RA 2019-098).

… En matière de discrimination, on peut illustrer cette fonction par deux exemples éclairants parmi de très nombreux.

1°/ Au mois de juin 2013, le Défenseur des droits a été saisi de quatre réclamations concernant des candidats handicapés au baccalauréat, quelques jours avant les épreuves. Ils s'estimaient victimes de discrimination dans le cadre de l'accès aux épreuves, les centres d'examen, n'étant pas en mesure d'assurer la totalité des aménagements prévus à cet effet par la loi.

L'intervention du Défenseur des droits s'est traduite par un processus, qui a duré 48 heures, à l'endroit des lycées, recteurs et ministère de tutelle, à l'issue duquel plusieurs demandes d'aménagement ont été mises en œuvre. Il s'agissait en particulier d'organiser la présence d'assistants de vie scolaire, de prévoir des temps de pauses, de mettre en place du matériel informatique adapté ainsi qu'une salle de repos (dossiers 13-5595, 13-5941 et 13-6242).

2°/ Karine, attachée principale depuis 2007, est responsable d'un service dans une collectivité territoriale. Quand la collectivité décide l'attribution au coefficient maximum d'une prime de fonction et de résultat pour les agents assurant la direction d'un service depuis au moins trois ans, il lui parait légitime d'en bénéficier. Or bien que pouvant théoriquement bénéficier de cette prime au taux maximum, elle n'a bénéficié que d'une prime minimum, le manque à gagner étant de l'ordre de 15 000 euros, sans explication plausible. Après intervention des services du Défenseur des droits, la collectivité a décidé de procéder au payement de l'intégralité de la prime due à Karine (dossier 12-013754).

*

*   *

Soulignons avec force que, depuis sa création en 2011, l'Institution du Défenseur des droits a effectué des règlements amiables (comme le faisait antérieurement le Médiateur de la République, la HALDE et le Défenseur des enfants) des centaines de milliers de fois, satisfaisant ainsi des centaines de milliers de citoyens. Et son utilité est ainsi immédiatement perceptible par tous ces réclamants.

Chapitre 3. Le règlement des litiges par voie de décision formelle

Lorsque le règlement amiable n'a pas abouti ou lorsqu'une réclamation ne peut pas faire l'objet d'un tel règlement informel, la position du Défenseur des droits, après une saisine, s'exprime d'une façon plus solennelle, sous la forme d'une décision portant recommandation, signée du Défenseur lui-même. (article 25 de la loi organique). Ces décisions font suite aux échanges de points de vue et éventuellement à une enquête. Ces décisions portant recommandations sont celles qui lui semblent de nature à garantir le respect des droits et libertés de la personne lésée, tout en en prévenant le renouvellement. Selon les cas, la « décision » « recommande » :

- soit un règlement en droit, lorsqu'il existe une réponse juridique de principe clairement identifiée ;
- soit un règlement en équité, « correctif » du droit écrit, lorsque son application stricte entraînerait des conséquences manifestement insupportables, dans le cas particulier traité ;
- soit enfin un règlement par médiation effectuée soit par ses services du siège, soit par un médiateur extérieur ;

Un formalisme juridique précis enserre ces procédures. En conclusion de toute « recommandation », un délai est fixé par le Défenseur des droits pour être tenu informé des suites qui leur sont données.

Le Défenseur des droits dispose d'un véritable droit de suite qui donne leur force à ses recommandations. Faute de réponse ou si la recommandation n'a pas été suivie d'effet, le Défenseur des droits peut enjoindre à la personne mise en cause de prendre, dans un délai déterminé, les mesures nécessaires. Et si la réponse ne vient jamais ou si elle est loin de la recommandation, il n'y a pas d'autre issue que de livrer le tout à l'opinion publique par un Rapport spécial, comme évoqué plus haut.

Nous allons illustrer par quelques exemples l'extrême diversité des interventions du Défenseur des droits par voie de « recommandation ». Une recommandation peut se borner à régler un cas individuel. A l'occasion d'une situation individuelle, elle pose fréquemment des bases qui devraient permettre de régler bien d'autres situations comparables : il s'agit alors de recommandations générales.

A. Déontologie de la sécurité

En matière de déontologie de la sécurité, les recommandations sont adressées au ministre de l'Intérieur et visent essentiellement des demandes de mesures disciplinaires ou d'évolution des pratiques professionnelles.

En voici un exemple. Le Défenseur des droits a été saisi par un réclamant des conditions dans lesquelles il a été reçu dans un hôtel de police, pour un dépôt de plainte après que son épouse ait été agressée et hospitalisée. Il a considéré, après enquête, que les suites données avaient été insuffisantes eu égard aux circonstances. En effet, la réponse à l'appel téléphonique du réclamant avait « manqué d'humanité », la plainte n'avait pas été enregistrée et il avait fallu onze jours pour que la police se rende à l'hôpital pour recueillir les déclarations de la personne blessée. Pour tous ces manquements, les fonctionnaires de police concernés avaient fait l'objet, de la part de leur hiérarchie, d'un « rappel très ferme des consignes en matière de prise de plaintes et d'accueil des victimes » ; et la hiérarchie avait dit que « toute nouvelle entorse de leur part à ces principes donnerait lieu à l'établissement d'une procédure disciplinaire ».

En conséquence de quoi, le Défenseur avait recommandé que des poursuites disciplinaires soient engagées à l'encontre de ceux de ces fonctionnaires qui, expérimentés, connaissaient leurs obligations. (Décision 2016-073). Les suites ne sont pas rendues publiques.

B. Droits de l'enfant/Lutte contre les discriminations et pour l'égalité

En matière de droits de l'enfant, les recommandations visent à régler la situation individuelle et à faire évoluer les pratiques, afin de prendre en compte l'intérêt supérieur de l'enfant.

En voici un exemple. Dans un cas où un règlement amiable avait échoué et où le réclamant ne souhaitait pas initier un recours judiciaire, la recommandation a conduit à régler le problème. Saisi, le Défenseur des droits a exposé son point de vue au sujet du refus d'inscrire un enfant autiste à un stage d'initiation à la natation. A la suite de quoi, d'une part, une solution a été trouvée au cas précis : l'enfant, accompagné, a pu suivre un stage et, d'autre part, il a été recommandé au maire et au directeur de la piscine municipale, de prendre des mesures appropriées pour pouvoir accueillir désormais des enfants handicapés à des stages de natation (Décision 2016-124).

C. Services publics

En matière de services publics, les recommandations visent à régler la situation individuelle et à faire évoluer les pratiques afin d'assurer un meilleur accès au droit et le respect des droits fondamentaux des réclamants.

En voici un exemple. Le remboursement par l'État de « bons d'épargne » a pu être accordé à un requérant qui ne l'avait pas demandé à temps, parce qu'il a pu prouver que des problèmes graves de santé l'avaient empêché de respecter les délais. L'intervention du Défenseur des droits auprès du médiateur des ministères économique et financier a pu faire prévaloir l'idée d'équité pour écarter l'application stricte de la règle selon laquelle ce retard aurait empêché le remboursement ; finalement, il a été fait. Ceci constitue un exemple de recommandation en équité.

D. Lutte contre les discriminations et pour l'égalité

En voici un exemple. Le Défenseur des droits a été saisi d'une réclamation relative au harcèlement fondé sur le sexe et l'origine qu'a subi une femme qui avait été successivement en stage puis en contrat de professionnalisation dans le cadre d'un programme de féminisation des métiers de la branche professionnelle « Bâtiment et travaux publics ». Il a constaté les propos racistes selon lesquels son origine serait un « handicap pire » que son sexe pour pouvoir s'intégrer sur un chantier et estimé que le responsable des ressources humaines avait eu connaissance du traitement hostile et humiliant infligé à la requérante

Le Défenseur des droits a recommandé à l'employeur d'indemniser la réclamante du préjudice subi et de renforcer son plan d'actions pour prévenir ces comportements inacceptables. L'employeur mis en cause a sollicité le Défenseur pour qu'il engage une médiation afin de permettre aux parties de trouver un accord pour exécuter ses recommandations. Un protocole d'accord transactionnel avec la société mise en cause a été signé et plusieurs mesures ont été mises en œuvre pour renforcer son plan d'action en faveur de la mixité. (Décision 2016-073)

E. Préconisation d'une résolution du conflit par transaction

Parfois, dans sa recommandation, le Défenseur préconise que soit opérée une transaction. Ainsi, par exemple, il a été saisi par une réclamante, candidate à un poste au sein d'une collectivité territoriale, dont la candidature avait été rejetée en raison de son état de grossesse. La collectivité lui reprochait d'avoir déclaré sa grossesse trop tardivement dans la procédure de recrutement. Les éléments recueillis au cours de l'instruction par les services du siège ont confirmé que l'annonce de la grossesse de la réclamante avait eu des conséquences sur la décision de la collectivité, sa candidature ayant été écartée le jour de l'annonce de sa grossesse.

La collectivité soutenait que la grossesse de l'intéressée n'avait pas eu un caractère prépondérant dans le rejet de sa candidature, mais plutôt que sa décision se fondait sur le manque de sincérité de la réclamante, ce que contredisait un message du Directeur des ressources humaines qui avait pu être conservé. L'argument avancé par la collectivité ne justifiait pas une atteinte au principe de non-discrimination.

Du fait du caractère discriminatoire de la décision, le Défenseur a recommandé au président de la collectivité de se rapprocher de la réclamante afin d'examiner avec elle les modalités de réparation du dommage subi (Décision 2016-028). Suite à la décision du Défenseur des droits, le président de la collectivité et la réclamante ont signé un protocole transactionnel prévoyant une indemnisation significative pour celle-ci.

Chapitre 4. Des interventions devant des juridictions

Le Défenseur des droits est, si l'on ose dire, un « auxiliaire de la justice » très particulier (articles 23 et 33 de la loi organique). Soit à la demande des juridictions du siège ou du parquet, soit à celle de parties devant une juridiction, soit enfin de sa propre initiative, le Défenseur des droits, évidemment dans le cadre de ses compétences, peut présenter des « observations » pour éclairer le juge en lui présentant le produit de son enquête ainsi que des analyses impartiales en droit et en faits. Le Défenseur n'agit pas comme le fait un avocat, en prenant le parti de son « client » ; il aide à trancher une question de droit (ce qui, éventuellement, peut être positif pour la personne en cause), mais ne délivre aucune interprétation des faits de l'espèce.

La procédure est naturellement complexe. Pour la fluidifier, un véritable partenariat a été noué entre le Défenseur des droits et les Parquets des tribunaux de grande instance, maintenant judiciaires. Des protocoles ont été signés. Ils permettent d'encadrer les demandes d'autorisations d'instruire, les demandes d'avis des parquets et des juridictions, la transmission de dossier au parquet pour suite à donner et la présentation des observations en justice.

Quelques exemples permettent d'illustrer cette forme d'action du Défenseur des droits.

A. Dans un cas de discrimination en emploi public, fondé sur le handicap

Un Conseil régional ayant refusé de suivre la recommandation du Défenseur des droits de reclasser et d'indemniser une requérante brimée en raison de son handicap, celle-ci a saisi le

Tribunal administratif pour obtenir justice. Pour asseoir son jugement (du 8/7/16), qui a été favorable à la requérante, le Tribunal a pris en compte les conclusions du procès-verbal établi par le Défenseur des droits, à la suite de son enquête sur place. (Décision 2016-089).

B. Dans un cas de discrimination en emploi privé, fondé sur l'orientation sexuelle

Un salarié homosexuel ayant subi de nombreuses avanies dans son emploi (multiples humiliations, marginalisation, réduction de sa rémunération fixe, suppression de sa rémunération variable), puis conduit à adhérer à un plan de départs volontaires, avait été débouté par le Conseil des prud'hommes, qu'il avait saisi de sa demande de voir reconnaître les discriminations dont il estimait être victime et d'obtenir la nullité de la rupture de son contrat de travail.

La Cour d'appel, pour étayer son jugement (du 22/09/2016), a suivi les observations du Défenseur des droits, en retenant, comme lui, que le réclamant avait été victime de harcèlement discriminatoire et d'une discrimination salariale fondés sur son orientation sexuelle, ce qui avait vicié son consentement à la convention de rupture de son contrat de travail. La société mise en cause a été condamnée à verser au salarié plus de 608 000 euros de dommages et intérêts. (Décision 2016-171)

C. Dans un cas de discrimination en emploi public, fondé sur les opinions politiques

Neuf agents publics non titulaires d'une commune, ayant participé à la campagne électorale du maire sortant, qui espérait être réélu, ont vu leurs contrats de travail résiliés par le nouveau maire après l'élection municipale de 2014.

Le Défenseur des droits, saisi, a pu constater que les arguments, à savoir des réductions de charges de travail et la réorganisation de services, avancés par le nouveau maire pour justifier ces résiliations, n'étaient pas fondés, de nouvelles personnes ayant été recrutées.

Le Défenseur des droits ayant recommandé au nouveau maire d'indemniser les préjudices subis et de faire amende honorable en rappelant publiquement qu'aucun lien ne devait être fait entre la manière de servir d'un agent public et ses convictions politiques, celui-ci avait refusé.

Quelques réclamants ayant saisi le Tribunal administratif pour annulation des décisions mettant fin à leurs contrats de travail et pour l'indemnisation des préjudices subis, le Tribunal administratif s'est fondé sur l'enquête du Défenseur des droits pour conclure à la discrimination, annuler les décisions contestées et prononcer des dommages intérêts de quelques milliers d'euros à chacun des réclamants en dédommagement des préjudices qu'ils avaient subis. (Décision 2015-241)

D. Dans un cas de droits de l'enfant, relatif au droit de correction de l'enseignant

Une enseignante, directrice d'école maternelle, a fait l'objet d'une plainte pénale de plusieurs parents et été poursuivie devant un Tribunal correctionnel pour violences physiques et psychologiques à l'encontre des enfants dont elle avait la charge. Le Procureur de la République a fait appel du jugement de première instance qui relaxait cette personne, estimant les faits insuffisamment établis.

Le Défenseur des droits a présenté les observations (Décision 2017-120) résultant de son enquête devant la Cour d'appel de Limoges, contestant très concrètement qu'en l'occurrence le Tribunal correctionnel ait pu juger « incapables de discernement » les enfants et rejeter de ce fait leur parole et bien d'autres éléments.

La Cour d'appel a condamné l'enseignante à douze mois de prison avec sursis et à cinq ans d'interdiction d'exercer sa profession avec des mineurs. Elle s'est pourvue en cassation. Le Défenseur des droits a présenté des observations à nouveau

(Décision 2018-139) et la Cour de cassation a maintenu la décision prise en appel.

E. Dans un cas de droits de l'enfant, relatif à un vide juridique, portant préjudice à un enfant

Le Défenseur des droits est intervenu devant le Tribunal administratif de Mayotte pour obtenir, le 19 décembre 2016, que soit versée, par le Président du Conseil départemental, une prestation « au tiers digne de confiance », prestation prévue par le Code de l'action sociale et de la famille, en faveur d'un enfant de 17 ans. Le Président du Conseil départemental s'était prévalu du fait qu'aucune disposition concernant les modalités concrètes d'application de cette prestation ne figurait au règlement départemental pour en refuser le payement. L'allocation étant prévue par des dispositions nationales, le Président du conseil général ne pouvait pas se prévaloir de la carence du Conseil départemental de prévoir ses modalités de versement, pour en refuser le payement. (Décision 2016-310).

F. Dans un cas d'accès aux droits, en matière de service public, alors qu'une administration d'Etat a violé une règle

L'administration des finances avait ordonné à un agent, en 2002 puis en 2008, de reverser des rémunérations qui lui avaient été indument versées par un rectorat, entre juin 1996 et février 2002. L'administration s'est toujours refusée à lui accorder une remise gracieuse quand l'intéressée s'était adressée à elle. L'administration a initié une procédure en recouvrement en 2014 alors que l'action en restitution était prescrite et elle a persisté à refuser de renoncer à sa créance.

Devant le Tribunal administratif, le Défenseur des droits a présenté des observations, rappelant les règles de la prescription quinquennale des actions en restitution des rémunérations indument versées aux agents publics, règles que le Tribunal devait bien connaître. Il a été évidemment suivi. (Décision 2015-091-).

Quatrième partie. Contribuer à la fabrication de la « norme »

Le Défenseur des droits n'a aucun pouvoir d'édicter des règles de droit, ce qu'on appelle un « pouvoir normatif formel ». Ceci est de la compétence du Parlement, en ce qui concerne les lois, et du Gouvernement, en ce qui concerne les décrets. Mais il contribue, de multiples façons, à l'élaboration des normes.

Chapitre 1. Un producteur de « droit souple »

Cette appellation peut, à première vue, surprendre. En 2013, le Conseil d'Etat a donné un contenu à ce concept. Le droit souple est constitué d'actes ayant pour objet de modifier ou d'orienter les comportements de leurs destinataires (en suscitant, dans la mesure du possible, leur adhésion), ne créant pas par eux-mêmes de droits ou d'obligations et présentant, par leur contenu et leur mode d'élaboration, un degré de formalisation et de structuration qui les apparente aux règles de droit. Elles deviennent des points de repère pour l'appréciation des pratiques professionnelles.

C'est lorsqu'il fait usage de certains pouvoirs que le Défenseur des droits énonce des normes dépourvues de force juridique mais dotées d'un pouvoir prescriptif, visant à orienter le comportement de leur destinataire. L'instruction de réclamations individuelles conduit le Défenseur des droits à relever des difficultés qui résultent de pratiques, d'erreurs d'interprétation ou de complexités administratives dont l'impact se fait sentir bien au-delà de la personne qui le saisit.

Elles sont adressées à des destinataires tels que : les pouvoirs publics susceptibles de mettre en œuvre des directives, les ordres professionnels et sectoriels et les employeurs, pour orienter les comportements de nombreuses personnes.

C'est ainsi que le Défenseur des droits est la source d'un « droit souple », fondé sur le droit positif et encadré par celui-ci, qui vise à la fois la défense des droits et leur promotion ; ceci découle notamment de son pouvoir de recommandation. L'Institution édicte, en ce sens, des « recommandations générales » (article 25 de la loi organique), dont il a déjà été question, et des « décisions cadres » (articles 25 et 33 de la loi organique).

1°/ Lorsqu'un recours individuel a révélé des pratiques répréhensibles qui englobent mais dépassent la situation précise ayant justifié la saisine, le Défenseur des droits diffuse ses analyses et ses préconisations à tous ceux qui peuvent en « tirer profit » ; la diffusion est donc plus ou moins large selon les cas.

Par exemple, par la Décision 2016-073, concernant des faits de harcèlement discriminatoire en raison du sexe et de l'origine d'une réclamante, le Défenseur des droits a :

- d'une part, visé à faire réparer les préjudices subis par la requérante qui a perçu 60 000 euros grâce à un protocole transactionnel ;
- et d'autre part, visé à faire mettre en œuvre des mesures préventives pour que des cas similaires ne se reproduisent pas, à savoir protéger la santé et la sécurité des femmes intervenant sur des chantiers, en particulier par l'installation systématique de vestiaires et de sanitaires féminins sur les chantiers, ce qui peut prévenir des harcèlements sexistes.

2°/ Lorsque le Défenseur des droits est saisi de nombreux cas similaires, au lieu d'instruire les dossiers un à un, il peut procéder à une analyse d'ensemble et faire des préconisations globales dans des « décisions cadres ». Ainsi s'élabore une « doctrine » du Défenseur des droits, qui peut être utile dans nombre d'occurrences.

Les « décisions cadres » résultent, à l'évidence, de sérieux problèmes que traduisent de nombreuses saisines. Sans chercher à régler un cas particulier, une décision cadre aspire à donner les moyens de réduire les difficultés et, par conséquent, de diminuer les cas de conflits.

Des « décisions cadres » d'importance nationale, ont notamment été élaborées pour quelques problématiques telles que :

- celle du refus d'allocations familiales aux enfants arrivés en France en dehors de la procédure officielle du regroupement familial ;
- celle des expulsions avec violences de populations roms ;
- celle de la pratique des tests osseux effectués sur de jeunes migrants, destinés à estimer leur âge pour départager les mineurs et les majeurs.
-

Nous allons en présenter deux, plus en détails, à titre d'illustrations :

La décision cadre n°2018-226 du 3 septembre 2018 (qui fait 33 pages).

L'Institution a été destinataire de très nombreuses saisines relatant les difficultés rencontrées avec l'Agence Nationale des Titres Sécurisés (ANTS), dans le cadre de la délivrance des permis de conduire et des certificats d'immatriculation, des milliers de dossiers ayant été ouverts à ce sujet. Cette problématique a constitué, pendant plusieurs semaines, le principal motif d'appel de citoyens à la plateforme téléphonique du siège.

Le Défenseur des droits a constaté que la mise en œuvre de la dématérialisation de la délivrance de certains titres, ainsi que de la carte d'identité, a donné lieu à de nombreuses atteintes aux droits des usagers du service public et il en a analysé les raisons.

A la suite de quoi, le Défenseur des droits a adressé au Premier ministre et au ministre d'Etat, ministre de l'Intérieur, une très longue liste de préconisations visant à assurer l'effectivité des droits des personnes, recommandant, à la fin « d'introduire dans la loi une clause de protection des usagers vulnérables, prévoyant l'obligation d'offrir une voie alternative au service numérique dans le cadre de la mise en œuvre de toute procédure de dématérialisation d'un service public. »

La décision est suivie de 26 pages de recommandations générales.

La décision cadre n°2019-2054 du 2 octobre 2019 (qui fait 41 pages).

Saisi de nombreuses réclamations relatives aux discriminations fondées sur l'apparence physique dans le cadre de l'emploi et après avoir consulté les collèges compétents en matière de lutte contre les discriminations ; de droits de l'enfant et de déontologie de la sécurité, le Défenseur des droits a adopté une décision cadre, accompagnée de 5 annexes relatives : à l'obésité et à la grossophobie ; aux tenues vestimentaires ; aux coiffures ; aux barbes et aux tatouages et piercings, précisant les conditions d'application du principe de non-discrimination fondé sur l'apparence physique à l'égard des salariés et des agents publics Cette décision-cadre énonce :

les règles applicables concernant l'interdiction de prendre en compte l'apparence physique lors du recrutement et lors de la relation d'emploi ;

l'interdiction et la sanction du harcèlement discriminatoire fondé sur l'apparence physique ;

les restrictions qui peuvent être permises en matière d'exigences vestimentaires et de présentation et la nature des sanctions éventuelles en cas de non-respect ;

Elle recommande aux employeurs publics ou privés de :

veiller à définir dans un document écrit toutes les contraintes et restrictions éventuelles en matière d'apparence physique et de présentation, justifiées par les tâches à accomplir ;

veiller à prévenir toute discrimination et tout fait de harcèlement discriminatoire et à les sanctionner ;

former leurs personnels à ces questions.

Cette décision a été portée à la connaissance d'une vingtaine d'« autorités » : ministres, présidents d'associations de collectivités territoriales, responsables de centrales syndicales de salariés et d'employeurs, etc. qui ont les moyens de diffuser largement ces prescriptions dans les réseaux qui en dépendent.

Les positions ainsi prises par le Défenseur des droits sont largement utilisées devant les tribunaux et ont pu influencer la jurisprudence.

Mais l'impact des positions du Défenseur des droits sur l'élaboration d'un droit souple s'exerce par d'autres voies que les recommandations. C'est le cas des guides de bonnes pratiques, susceptibles de faire évoluer les comportements au regard de certaines normes. En voici quelques titres, pour exemples :

Pour un recrutement sans discrimination.

Agir contre les discriminations liées à l'orientation sexuelle et à l'identité de genre dans l'emploi.

Aménagement raisonnable.

Orientation et protection des lanceurs d'alerte.

Louer sans discriminer.

Chapitre 2. Une contribution à l'élaboration des lois

Chaque année, le Défenseur des droits à l'occasion d'être auditionné par les commissions de l'Assemblée nationale et du Sénat, lors de la préparation de textes législatifs. Ces consultations sont formalisées dans des Avis au Parlement, avis rendus publics et publiés sur son site internet. En 2018, par exemple, il a délivré 29 Avis dans ses différents champs de compétence.

Les Rapports annuels donnent des exemples de cette fonction qui fut particulièrement intense en 2016. Une observation générale sur un aspect majeur de ces échanges nourris avec le Parlement, apparaissant au rapport annuel de 2016 (p 73), mérite d'être relevée.

« Comme l'année dernière, le contexte de lutte contre le terrorisme a largement mobilisé le débat parlementaire. Le Défenseur des droits s'est ainsi exprimé à plusieurs reprises sur différents textes consacrés à la maîtrise de l'immigration (Avis 16-02), à l'état d'urgence (Avis 16-03 et 16-08) ou encore à la lutte contre le crime organisé, le terrorisme et leurs financements, en améliorant l'efficacité et les garanties de la procédure pénale (Avis 16-04 et 16-08). Le Défenseur des droits y rappelle systématiquement l'importance de prévoir les garanties nécessaires en vue d'assurer un juste équilibre entre la protection des droits et des libertés, et l'impératif de sécurité publique, de prévention et de répression des infractions pénales. »

Des contributions à l'élaboration des lois sont nombreuses. On peut en relever quelques exemples, à titre d'illustration, cités dans des Rapports annuels.

A. Concernant la déontologie des forces de sécurité

Dans l'Avis 16 12, il a insisté sur l'importance d'envisager un dispositif de traçabilité des contrôles d'identité en raison, d'une part, de la démultiplication des motifs de contrôle et, d'autre part, de l'extension du champ de l'habilitation à pouvoir procéder à des « contrôles d'identité », voire à des palpations de sécurité, aux agents de sécurité de la SNCF et de la RATP, dans ce qui est devenu la loi n°2016-339 du 22 mars 2016.

Le Défenseur des droits a considéré que la solution mise en place dans la loi « Egalité et citoyenneté » ne répondait qu'imparfaitement à sa recommandation qui avait été de mettre en place un dispositif de traçabilité des contrôles d'identité, de façon à ce que puisse être identifié un agent effectuant de tels contrôles.

B. Concernant les discriminations

La loi n° 2016-1547 du 18 novembre 2016, dite de modernisation de la justice du XXIe siècle, a institué « l'action de groupe » en matière de discrimination, l'extension de la liste de discriminations prohibées et la protection contre les discriminations dans l'accès aux biens et aux services en matière civile.

Lors de sa préparation, le Défenseur des droits avait fait de nombreuses observations sur ce développement juridique, qui est stratégique pour la prise en compte de la dimension collective des discriminations (Avis n° 15-23, 16-10, 16-15 et 16-19).

C. Concernant la défense des droits de l'enfant

On peut penser qu'une recommandation du Défenseur des droits, faite en 2015, a conduit, dans la loi « Egalité et citoyenneté », à une disposition garantissant l'accès à la cantine à tous les enfants dans les écoles primaires.

On peut aussi penser qu'une analyse du Défenseur des droits a conduit le législateur, dans la loi n°2016-1547 du 18 novembre 2016 dite « de modernisation de la justice du XXIe siècle », à allonger jusqu'à atteindre 5 jours, le délai légal pour procéder à la déclaration de naissance d'un enfant à l'état civil, ce qui permet d'éviter des procédures judiciaires consécutives au non-respect du court délai précédent, qui était de 3 jours.

D. Autres cas significatifs

1°/ En 2017, le Défenseur des droits avait publié un rapport intitulé « Lutte contre la fraude aux prestations sociales : à quel prix pour les usagers ? ». Il y dénonçait des atteintes aux droits des bénéficiaires, consécutives au durcissement de cette « chasse » aux fraudes potentielles. Il formulait donc des recommandations pour remédier à cette situation, invitant les Pouvoirs publics à modifier l'article L 114-17 du Code de la Sécurité sociale, afin que « l'intention frauduleuse » devienne un élément constitutif de la fraude. Ainsi, des erreurs ne pourraient plus être assimilées à de la fraude.

La loi n°2018-727 du 10 août 2018 pour « un Etat au service d'une société de confiance » a introduit le droit à l'erreur dans l'article précité (Avis 18-01 et 18-04) .

2°/ Dans de nombreuses occurrences, le Défenseur des droits est vigilant à faire passer sa préconisation dans le droit positif malgré les difficultés et victoires partielles. Par exemple le Défenseur des droits a rendu de nombreux Avis sur la mise en œuvre des règles d'accessibilité des bâtiments publics (Avis 15-10 et 15-16 relatif à l'accessibilité des établissements recevant du public et Avis 19-05 relatif au projet de loi d'orientation des mobilités) et des lieux d'habitation collectifs pour les personnes handicapées (Avis 18-13 et 18-18 relatif au projet de loi portant évolution du logement, de l'aménagement et du numérique), en introduisant le concept de « logement évolutif », ce qui ne garantit pas la mise en accessibilité totale, lorsqu'elle est nécessaire et peut conduire des bailleurs sociaux à écarter des handicapés pour éviter de faire des dépenses d'accessibilité.

Cinquième partie. A travers les missions du Défenseur des droits

Les débats qui ont précédé l'absorption des quatre Institutions antérieures dans la nouvelle, le Défenseur des droits, ont été peu propices à des envolées lyriques sur son rôle puisqu'il les reprenait simplement, avec de sensibles améliorations procédurales, sans en modifier la philosophie sous-jacente. En présentant les projets de lois au Sénat, le 2 juin 2010, Michèle Alliot-Marie, ministre d'Etat, garde des Sceaux, ministre de la Justice et des Libertés, concluait cependant :

« Il est indispensable que le citoyen se sente bien dans l'Etat, qu'il sache qu'il est pris en compte et qu'il est reconnu ; il ne doit plus se heurter à des murs, à des interlocuteurs qui refusent de voir la réalité telle qu'il la perçoit. Le Défenseur des droits sera le défenseur de tous les droits de tous les citoyens. C'est important pour la cohésion nationale. [...] Je suis persuadée que le Défenseur des droits confortera nos principes, nos valeurs et nos ambitions en matière de liberté et de démocratie. Il contribuera à garantir la pérennité de notre pacte social et la cohésion de la nation. »

Cette partie de l'ouvrage vise à reprendre les notions qui ont été présentées de façon jusqu'ici analytique en ne les illustrant que par un petit nombre d'exemples, complémentaires de ceux donnés précédemment, les « outils » du Défenseur des droits ayant déjà été présentés

Chapitre 1. Les droits et libertés dans l'utilisation des services publics

Les personnes physiques ou morales, qui s'estiment lésées par le fonctionnement d'une administration de l'Etat, d'une collectivité territoriale, d'un établissement public ou d'organismes investis d'une mission de service public peuvent saisir le Défenseur des droits. Mais tout n'est pas possible au Défenseur des droits : par exemple de traiter d'un litige avec une administration étrangère (tel un consulat) ; ou encore d'un litige entre une collectivité territoriale et l'Etat...

1. Panorama des difficultés

La « matière première » du Défenseur des droits, ce sont, au premier chef, les réclamations dont il est saisi et qu'il traite ; s'y ajoutent les questions dont il s'autosaisit. Si elles sont en croissance constante, leur nature n'évolue que peu d'une année sur l'autre.

En 2018, le Défenseur des droits a reçu plus de 76 000 réclamations visant des services publics, essentiellement les services déconcentrés de l'Etat et les organismes de droit privé investis d'une mission de service public (les organismes de Sécurité sociale, Pôle emploi), loin devant les collectivités territoriales et les établissements publics. Cette année-là, les principaux domaines des réclamations ont été les suivants :

protection sociale	40,7 %
amendes ; circulation	11,4 %
droits des étrangers	7,5 %
fiscalité	7,4 %
travail ; chômage	6,4 %
droits des détenus	5,8 %
justice ; libertés publiques	5,8 %
environnement ; urbanisme	4,3 %
services publics économiques	4,3 %
éducation ; enseignement supérieur	1,3 %
santé	1,2 %
logement	0,8 %
autres	3,1 %

Cette classification est nécessairement approximative, car certaines plaintes peuvent relever de plusieurs domaines. Dans ces domaines, les trois quarts de ce que les utilisateurs de Services publics ressentent comme des atteintes à leurs droits se classent en quatre catégories :

- absence d'écoute et de prise en considération des arguments 45,2 %
- absence de réponse 16,2 %
- délai excessif de traitement ou de réponse 9,8 %
- défaut d'information 3,9 %

Les interventions les plus simples consistent à « arracher » une réponse qui ne vient pas. Pour le reste, le Défenseur des droits intervient chaque année avec toute la panoplie de ses « armes ».

2. Les interventions du Défenseur des droits

A. Les règlements amiables

C'est par dizaines de milliers qu'ils ont lieu, chaque année ; on peut, à nouveau, illustrer ce domaine par deux exemples, l'un concernant une personne physique, l'autre une personne morale.

Un réclamant qui, après avoir acheté un timbre fiscal dématérialisé de 250 euros sur le site internet de l'Office français de l'immigration et de l'intégration, pour l'établissement d'un titre de séjour, en suivant la procédure prescrite, s'est vu refuser ce timbre fiscal dématérialisé et a dû en acheter un autre, matérialisé, au centre des impôts.

Après plusieurs demandes infructueuses pour obtenir le remboursement d'un des timbres, il a fallu l'intervention du Défenseur des droits pour y parvenir. (RA 2017-194)

Une société s'est vu appliquer une majoration de 10 % en raison du dépôt tardif d'une déclaration de TVA, alors que son expert-comptable s'était heurté à l'impossibilité de se connecter au site de l'administration fiscale pour effectuer la déclaration et le payement dans les délais réglementaires. Bien que les démarches aient pu être effectuées, mais le lendemain seulement de la date limite, l'administration fiscale exigeait une majoration de plus de 5000 euros.

Seule, l'intervention du Défenseur des droits a permis d'annuler la majoration, alors que le retard d'un jour était la conséquence d'une déficience de l'informatique de l'administration fiscale. (RA 2017-192)

B. Les « recommandations »

Nous l'avons dit, une erreur dans une procédure déclarative, qui touche d'abord la personne qui saisit le Défenseur des droits, peut entraîner des conséquences préjudiciables à de nombreuses personnes ; et une « recommandation » peut servir à la fois à régler une situation individuelle et à « réorganiser » une procédure qui sert à d'autres. En voici quelques exemples :

La Caisse interprofessionnelle de prévoyance de l'assurance vieillesse a décidé de ne verser les prestations de retraite que par virement bancaire, à l'exclusion de tout autre moyen de paiement. Un assuré, qui ne disposait d'aucun compte bancaire a vu le versement de sa pension de retraite suspendu et n'a pas pu obtenir de payement par un autre moyen.

Le Défenseur des droits, saisi, a constaté que cette décision ne reposait sur aucun fondement légal ou réglementaire et relevait uniquement de considérations de gestion. La suspension du versement constituait donc une atteinte au droit d'un usager d'un service public. Il a « recommandé » le versement rétroactif et futur de la pension au requérant par un autre moyen que le virement et demandé à l'organisme d'appliquer la solution retenue à tous les adhérents susceptibles d'être affectés par des versements par virements. (Décision 2016-012)

Une réclamante, réfugiée politique, a été obligée, après une hospitalisation de longue durée, de vendre sa maison pour prendre en charge les frais hospitaliers, pour plus de 100 000 euros, en raison d'un refus d'ouverture de droits par l'assurance maladie, à cause d'une simple erreur dans l'écriture de son nom à son arrivée en France.

Il a fallu, pour régler la difficulté, une intervention du Défenseur des droits (Décision 2017 370) : qui a permis l'affiliation rétroactive de la réclamante, laquelle a été remboursée des frais avancés ; cela a aussi conduit à « recommander » à la Caisse primaire d'assurance maladie de procéder aux vérifications de l'état civil des réclamants. Cette prescription est remontée jusqu'à la Caisse nationale.

Alerté sur plusieurs refus d'inscrire des enfants dans des écoles, le Défenseur des droits a conclu, dans cinq cas, en 2017, qu'il s'agissait de discriminations dans l'accès au service public de l'éducation, fondées sur le lieu de résidence, la particulière vulnérabilité économique des familles ou l'origine les enfants en question, qui vivaient soit dans des campements (Décisions 2017-134, 2017-195 et 2017-236), soit en hôtel social (Décision 2017-091) , soit enfin étaient hébergés, en dehors de leur famille, par un tiers (décision 2017-091). Tous les enfants ont été inscrits à l'école à la suite de cette intervention.

Constatant la persistance de difficultés dans certaines communes, le Défenseur a ensuite réitéré ses recommandations à tous les maires de France, dans une décision générale (Décision 2017-342) du 7 décembre 2017, adressée à l'Association des maires de France, en lui demandant une diffusion générale.

Le Défenseur des droits reçoit toujours de nombreuses réclamations de bénéficiaires de revenus de solidarité active

(RSA) qui sont suspectés de fraude et sanctionnés. Lorsque son enquête aboutit au constat que la fraude n'est pas avérée, il recommande à la Caisse d'allocations familiales (CAF) de verser des prestations qui avaient été « retenues » comme « sanction ». Ainsi, par exemple, une CAF a versé plus de 22 000 euros d'arriérés à une réclamante (Décision 2018-094).

Le Défenseur des droits est aussi intervenu pour lever des obstacles à l'accès aux droits de citoyens « empêchés », notamment pour les prisonniers, sous divers angles : pour tenter de faire réduire les délais d'attente excessifs pour parvenir à des soins spécialisés et pour que les détenus puissent choisir un professionnel de santé ou, du moins, puissent donner leur assentiment à ceux qui leur sont proposés.

C. Les concours à la justice

Voici deux exemples de ce type d'intervention

S'agissant du traitement d'étrangers en situation irrégulière en France, le Défenseur des droits s'est dit préoccupé par les conditions de vie des exilés à Calais, à la suite de l'évacuation du camp de la zone nord. D'abord, après avoir fait effectuer une visite sur place par ses services en juin 2017, il a, par décision (2017-206), réitéré les recommandations émises dans son rapport du 6 octobre 2015 et dans sa décision (2016-113) du 20 avril 2016.

Ensuite, saisi de l'arrêté portant interdiction des occupations abusives de plusieurs lieux par la maire de la ville, le 6 mars 2017, pour évincer les étrangers en situation irrégulière, le Défenseur des droits a estimé qu'en réalité, ce texte poursuivait un objectif étranger à la sauvegarde de l'ordre public ; il visait à interdire des distributions humanitaires de vivres aux migrants. Le Défenseur des droits a présenté des observations, devant le juge des référés du tribunal administratif, soulignant que cet arrêté apparaissait contraire à plusieurs normes supralégislatives : la Constitution, le principe de dignité humaine et la Convention européenne des droits de l'Homme et qu'il était constitutif d'une discrimination fondée sur la nationalité et la particulière vulnérabilité des personnes, prohibée par des articles de la loi du 27 mai 2008 (décision 2017-118). L'exécution de l'arrêté a été suspendue par le tribunal administratif, le 22 mars 2017.

Le Défenseur des droits, saisi du règlement intérieur d'un service de restauration scolaire qui prévoyait un accès limité aux enfants dont au moins un des parents ne travaille pas, a estimé que ces dispositions étaient contraires à un article du Code de l'éducation, aux termes duquel « l'inscription à la cantine des écoles primaires, lorsque ce service existe, est un droit pour tous les enfants scolarisés. Il ne peut être établi aucune discrimination selon leur situation ou celle de leur famille ». Il a présenté ses observations au juge des référés, au tribunal administratif de Montreuil, qui a suspendu la disposition du règlement le 12 septembre 2018.

D. Des observations sur des projets de lois

Le Plan « Préfectures de nouvelle génération », lancé en juin 2015, prévoyait la mise en place progressive de télé-procédures et de Centres d'expertise et de ressources pour l'édition d'un certain nombre de « titres », documents officiels (cartes d'identité ; permis de conduire…) que l'on ambitionnait de traiter plus rapidement, avec moins de personnels et en luttant plus efficacement contre les fraudes. Des bornes numériques ont été mises à la disposition du public dans les préfectures et sous-préfectures.

Très vite, le Défenseur des droits a reçu de très nombreuses réclamations mettant en lumière les écueils auxquels s'est heurtée une dématérialisation générale et accélérée : pannes informatiques entravant la finalisation des demandes ; délais excessifs de délivrance des permis de conduire ; difficultés à joindre les services de l'Etat ou à obtenir la rectification d'erreurs commises par les réclamants ; difficultés d'accès aux points numériques, etc.

Dans un avis au Parlement sur le projet de loi « Pour un Etat au service d'une société de confiance » (Avis 18-01 et 18-04) et dans plusieurs décisions (Décisions 2019-107, 2019-201, 2019-226 et décision cadre 2018-226), le Défenseur des droits a souligné l'impact négatif de la dématérialisation des services publics sur l'accès aux droits des usagers et rappelé (après de précédents avis), la nécessité d'introduire, dans l'annexe au projet de loi intitulée « stratégie nationale d'orientation de l'action publique », une clause de protection des usagers.

E. D'autres types d'interventions

Comme évoqué ci-dessus, la lutte contre la fraude aux prestations sociales a eu des conséquences ravageuses (financières mais aussi psychologiques) souvent relevées chez des personnes, accusées de fraude, qui subissent une stigmatisation alors que l'irrégularité soulevée résultait, en fait, d'erreurs.

En 2017, le Défenseur des droits avait publié un rapport intitulé « Lutte contre la fraude aux prestations sociales : à quel prix pour les usagers ? » dans lequel il dénonçait les atteintes aux droits des bénéficiaires causées par le durcissement de cette politique publique. Il a formulé des recommandations pour que soit institué un droit à l'erreur et un plan réaliste de remboursement des dettes réellement frauduleuses.

Ceci aboutit à l'introduction d'un droit à l'erreur dans l'article L 114-17 du Code de la Sécurité sociale, par la loi 2018-727 du 10 août 2018 pour « un Etat au service d'une société de confiance ». L'application de cette nouvelle disposition laisse cependant toujours place à des interprétations diverses et continue à être source de plaintes.

Après de nombreuses interventions sur l'épineuse question de la dématérialisation des services publics, le Défenseur des droits, en se fondant directement sur les dispositions constitutionnelles fondant son pouvoir, a publié, en 2019, un rapport de 70 pages intitulé « Dématérialisation et inégalités d'accès aux services publics ». Evoquant trois « principes » (la continuité du service public ; l'égalité devant le service public et « l'adaptabilité » ou « mutabilité », principe selon lequel l'administration doit prendre des mesures d'adaptation du service public afin d'assurer un accès « normal » des utilisateurs des services publics), il a fait de nombreuses recommandations regroupées en 6 chapitres.

3. Et pourtant, le Défenseur des droits exprime toujours une très forte inquiétude

Les tonalités du Rapport annuel sur 2018 (p 15 et suivantes) ne sont guère optimistes. Il débute par une partie (qui, avec ses 19 pages, ne fait pas moins de 20 % de la totalité du Rapport), intitulée : « Alerter les pouvoirs publics », avec le sous-titre suivant : « Des services publics qui disparaissent, des inégalités qui augmentent et des droits fondamentaux qui régressent ».

D'entrée de jeu, il est écrit (p 16) : « En 2018, le Défenseur des droits a constaté une fois encore, aussi bien au niveau local par l'intermédiaire de ses 501 délégués, qu'au niveau national par les services centraux de l'institution, les effets néfastes de l'évanescence croissante des services publics sur les personnes pour lesquelles ils constituent souvent le principal recours.

Cette situation s'amplifie année après année et n'épargne plus personne, y compris les usagères et usagers jusque-là aptes à y faire face, et touche à l'ensemble des strates de la société. Elle constitue une source profonde d'inégalités, de ségrégation et de relégation et présage d'une régression préoccupante des droits fondamentaux remis en cause par l'affaiblissement des libertés fondamentales menacées par le développement sans précédent d'une logique sécuritaire visant à faire face, non plus seulement à la menace terroriste, mais aussi aux troubles sociaux qui accompagnent cette évolution. »

La situation est ensuite plus précisément détaillée et les avertissements, de plus en plus martelés.

a/ Les services publics et l'égal accès aux droits constituent un enjeu social primordial

Il est bien expliqué (pp 17 et 18) que : « Depuis les années 1990, le périmètre des services publics s'est considérablement réduit, en particulier avec la privatisation des services organisés en réseaux [...] Parallèlement, certains services publics, en particulier dans le domaine de l'action sociale et de l'aide à domicile des personnes en perte d'autonomie, ont été délégués à des associations à but non lucratif de plus en plus mises en concurrence avec des sociétés privées dans le cadre de procédures d'appels d'offres où les critères financiers s'avèrent prédominants.

Autre mouvement, la décentralisation a conduit au transfert de nombreux services publics tels que l'aide sociale ou la formation professionnelle aux collectivités locales, avec les avantages d'une plus grande proximité avec les usagers mais également les risques nouveaux d'inégalités territoriales.

Les services publics ont enfin été confrontés à une restriction de leurs moyens budgétaires, y compris dans le domaine social, couplée à une transformation de leurs modes d'intervention appelés à être plus efficients.

Or, pendant cette même période, les services publics ont été conduits à faire face au développement des inégalités, de l'exclusion et de la pauvreté. Les personnes "exclues" sont apparues massivement dans les services publics : non seulement aux guichets des services sociaux et des organismes de logement, mais également dans les services de santé, d'éducation, de justice, etc., tous confrontés à la multiplication de situations d'urgence.

Pour le Défenseur des droits, la capacité des services publics à répondre à ces sollicitations, notamment en offrant aux personnes pauvres, défavorisées ou exclues, le même accès qu'aux autres en dépit des coûts supplémentaires qu'elles peuvent induire, est un enjeu majeur.

Or, aujourd'hui plusieurs phénomènes entravent l'accès aux droits fondamentaux et concourent à créer un sentiment diffus et dangereux de rupture entre les usagers, notamment défavorisés, et les services publics ».

b/ les services publics sont de plus en plus distants des usagers

Ceci pour diverses raisons :

une progression rapide des procédures dématérialisées dont l'usage (il s'agit de l'utilisation d'Internet) échappe à bien des personnes, les éloignant d'un accès aux droits. « L'exclusion numérique conduit à des situations de non-recours aux droits. »

l'absence d'écoute et de prise en considération des arguments des utilisateurs de services publics ainsi que les délais de réponse ou de l'absence de réponse ;

une « mise en retrait » par rapport aux besoins des citoyens. Certains d'entre eux, essentiellement les services sociaux sur lesquels repose en large partie l'accès à des droits par les plus pauvres, n'arrivent plus à faire face à l'afflux des demandes et aux situations sociales les plus complexes, ce qui alimente les déceptions et prive les personnes précaires de droits essentiels.

Cette situation est soulignée presque chaque année dans les Rapports annuels du Défenseur des droits. Celui de 2018 illustre cette situation dans un domaine particulier ; « Concernant le service public dédié à la protection de l'enfance, dans son volet tant administratif que judiciaire, le Défenseur des droits considère qu'il peine à assumer sa mission. Les illustrations sont nombreuses et se multiplient :

mesures judiciaires d'assistance éducative non exécutées, délais d'audiencement devant le juge des enfants, lieux de placement non adaptés, projet pour l'enfant non mis en œuvre, médecin référent "protection de l'enfance" non encore désigné… A cette situation s'ajoutent les carences structurelles relevées à plusieurs reprises de la protection maternelle et infantile (PMI) et de la médecine scolaire […] La grave incidence de ces carences sur la sécurité et le développement de l'enfant nécessite une action prioritaire de la part des administrations centrales et des départements. »

Depuis des décennies, des déplorations de ce type ont été articulées par de nombreuses instances (Sénat, Inspection générale des affaires sociales, Académie de médecine, etc.), sans résultat. Le « plan pour la protection de l'enfance » présenté en octobre 2019 ne répond que très incomplètement aux remarques du Défenseur des droits.

c/ la distance géographique joue aussi son rôle dans l'effritement des services publics, donc des droits

Le Défenseur des droits souligne, en particulier (p 29), qu'une répartition géographique de certains services publics est « décorrélée des besoins des usagers », tant dans le domaine de la justice (difficulté d'accès au juge) que dans le celui des soins. Ainsi, le Défenseur des droits relève les conséquences néfastes de la totale liberté d'installation des praticiens, qui provoque de grandes inégalités territoriales dans l'offre de soins, bien au-delà de ce qu'on appelle habituellement les « déserts médicaux », situation connue de longue date et à laquelle aucune solution n'a jamais été apportée.

d/ « Accéder aux droits se mérite mais fatigue », dit le Défenseur des droits qui pointe une conséquence grave et profonde de cette situation. Reprenant à son compte un article d'« Informations sociales », il dénonce : « La "fatigue d'être client" d'un service public désormais ouvert à la concurrence, contraint de s'orienter entre des offres impossibles à comparer, de résister aux pratiques proches de la vente forcée, de trouver les meilleurs tarifs, de passer le filtre des services téléphoniques en cas de contestation, etc. »

Et de conclure (p 31) : « La fatigue d'être usager peut également désigner le sentiment de plus en plus présent au sein de certaines catégories de personnes d'un déséquilibre entre la contribution de chacun et chacune au fonctionnement des services publics (impôts, services payants, temps passé) et les bénéfices individuels et collectifs de plus en plus réduits qui y sont associés. En s'effaçant peu à peu, les services publics qui, en France, constituent un élément essentiel au consentement à l'impôt, hypothèquent la redistribution des richesses et le sentiment de solidarité, sapant progressivement la cohésion sociale. »

Le Rapport annuel de 2018 concluait son long chapitre intitulé : « Alerter les pouvoirs publics » sur cette conclusion d'ensemble : « Repli des services publics, accroissement des inégalités, délitement du lien social, développement d'une logique sécuritaire et finalement régression des droits et des libertés fondamentaux. Comme le montre l'ensemble du rapport annuel, le Défenseur des droits ne peut se résigner à cette situation ».

Chapitre 2. Veiller au respect des règles de déontologie des forces de sécurité

L'action du Défenseur des droits a poursuivi celle de la CNDS, étant entendu que l'institution peut, désormais, être directement saisie par des plaignants, ce qui n'était pas possible antérieurement ; ceci constitue une avancée notable dans la défense de leurs droits.

1. Les motifs des réclamations

Le nombre des réclamations a vivement progressé depuis quelques années. Elles sont passées de 910, en 2015 à 1520 en 2018. Ainsi que l'indique le Rapport annuel d'activité de 2018, cette augmentation « témoigne notamment de relations tendues entre une partie de la population et les forces de l'ordre ». Mais elle résulte aussi de la possibilité pour les citoyens de saisir directement le Défenseur des droits, ce qui n'était pas possible pour la CNDS. La hausse continue a été alimentée en 2016 et 2018 par les sévères confrontations qui ont eu lieu, notamment sur la « loi travail », avec l'état d'urgence, puis lors de manifestations, notamment des « gilets jaunes », infiltrées de casseurs dénommés « black blocks ».

Toutefois, les plaintes exprimées ne constituent qu'une petite partie des avanies ressenties. La quasi-totalité des personnes interrogées, en 2015, lors de l'enquête « accès aux droits » pensait qu'il est certes possible de porter plainte si des représentants des forces de l'ordre ont des comportements contraires à leur déontologie, notamment dans le cadre de contrôles d'identité (injures, humiliations, gestes déplacés, recours injustifié à la violence) mais ce n'est qu'une infime minorité des personnes concernées qui engagent des démarches pour faire valoir leurs droits, en raison, nous l'avons dit plus haut, d'un sentiment d'inutilité très répandu (elles estiment en grand nombre que cela ne sert à rien et/ou qu'elles n'ont pas confiance en la police ou la justice).

En 2018, les principaux motifs exprimés des réclamations de non-respect de règles de déontologie par des agents en charge de la sécurité, traitées par l'Institution ont été :

- violences 29,1 %
- refus de pouvoir déposer une plainte 19,3 %
- propos déplacés formulés par des agents 11,2 %
- manque d'impartialité au cours d'une enquête
- ou pendant une intervention 10,7 %
- non-respect de la procédure applicable à
- une situation 9,9 %

Les autres motifs étaient :
- contestation de contravention (3,4 %)
- refus d'intervention (2,4 %)
- conditions matérielles indignes (2,4 %)
- défaut d'attention à l'état de santé des personnes
- qui se plaignent (1,9 %)
- fouilles intégrales pénitentiaires (1,7 %)
- menottage ou entraves (1,3 %)
- dégradation de biens (1,2 %)
- et enfin d'autres griefs (5,7 %)

Toujours en 2018, les réclamations concernaient :
- 56,3 % la police nationale ;
- 18,9 % l'administration pénitentiaire ;
- 13,0 % la gendarmerie nationale ;
- 11,8 % d'autres forces : polices municipales, agents de sécurité des transports…

2. L'Institution face aux réclamations

A. Le traitement de réclamations de la vie courante

Depuis le dernier trimestre de 2015, un certain nombre de délégués du Défenseur des droits ont été autorisés à régler à l'amiable quelques litiges mineurs mettant en cause des policiers et des gendarmes dans des affaires telles que : refus d'enregistrer des plaintes et propos déplacés.

La résolution à l'amiable de telles affaires permet d'apaiser quelques sujets de tensions entre population et forces de l'ordre.

B. Le traitement de réclamations dans le cadre d'opérations de « maintien de l'ordre »

L'essentiel des réclamations et les plus graves d'entre elles sont traitées au niveau central de l'Institution. Le nombre des saisines portant sur le maintien de l'ordre est en augmentation depuis quelques années, parallèlement à l'augmentation des tensions dans le pays. Des décisions marquantes ont été prises. On prendra quelques exemples dans les années récentes

a/ Cas évoqués dans le Rapport annuel d'activité de 2016 (p108)

Au sujet d'opérations effectuées dans le cadre de l'état d'urgence, le Défenseur des droits a été saisi de réclamations concernant surtout le déroulement des perquisitions administratives (entre novembre 2015 et février 2016, puis à partir de juillet 2016) : « La majorité des réclamants a allégué une procédure de nuit, impressionnante par la présence d'effectifs nombreux, munis d'armes de poing et/ou cagoulés et a souligné l'absence d'explication. Une partie d'entre eux a fait ensuite état de violences physiques, de violences psychologiques, notamment à l'égard des enfants présents, et parfois de propos déplacés et discriminatoires en raison de leur pratique religieuse musulmane.

Après une première analyse des réclamations, le Défenseur des droits a attiré l'attention du ministre de l'Intérieur et du ministre de la Justice sur la bonne application des mesures de perquisition prévues par les circulaires du ministère de l'Intérieur , mais aussi sur leur caractère parfois incomplet et sur les modalités de leur réalisation (présence d'enfants, modalités de notification de la perquisition et d'indemnisation du préjudice) (Décisions 2016-069 et 2016-153) Ces différentes recommandations ont été suivies. »

Dans un cas où une perquisition avait provoqué un dommage à un propriétaire, tiers à l'affaire, et alors qu'il n'était pas parvenu à se faire indemniser pour les dommages causés par cette perquisition, il y est parvenu grâce à l'intervention du Défenseur des droits.

S'étant saisi d'office de la mort de Rémi Fraisse, à Sivens, en 2014, le Défenseur a conclu à l'absence de faute de la part du gendarme auteur du lancer de grenade mortel, mais il a fait diverses critiques sur la conduite des opérations, sur la dangerosité de certaines armes et sur la réglementation du recours à la force et à l'usage des armes (2016-109).

De même le Défenseur des droits, a recommandé au ministre de l'Intérieur, d'engager une réflexion sur la mise en œuvre de la technique de « l'encagement » (2015-298, 2016-036), technique de maîtrise des foules, lors de manifestations, pour éviter qu'il y soit abusivement fait recours.

Concernant la situation à Calais, le Défenseur des droits a reçu, entre la fin de 2014 et l'automne de 2016, plusieurs saisines alléguant de manquements à la déontologie des forces de l'ordre. Parmi d'autres affaires, le Défenseur des droits ayant constaté que des fonctionnaires présents à bord d'un véhicule avaient commis des manquements, a pris acte des mesures individuelles prises à leur encontre par leur hiérarchie (2016-024)

b/. Cas évoqués dans le rapport d'activité de 2017

En 2017, le Défenseur des droits a traité 101 dossiers mettant en cause des violences policières. Dans 96 dossiers, il a conclu à l'absence de manquement à la déontologie, soit parce que les auteurs des violences ou des faits allégués n'ont pas pu être clairement identifiés (61 cas), soit parce que l'usage de la force était nécessaire et proportionné (8 cas) soit parce que les réclamants se sont désistés. Dans 5 dossiers, le Défenseur des droits a conclu à un usage disproportionné de la force par des fonctionnaires de police, justifiant des demandes de poursuites disciplinaires dans 4 d'entre eux (Décisions 2017-045, 2017-089, 2017-277, 2017-321). Le public n'a pas connaissance des suites données car ces informations ne seraient diffusées que si le Défenseur décidait de les mentionner dans le Rapport annuel.

La même année, le Défenseur des droits a été amené à demander plus souvent des poursuites disciplinaires dans des cas de manquements à la déontologie de la sécurité dans les quelques cas où il les a relevés (dans 90 % des cas des saisines de cette année-là, il n'a pas constaté de manquement ou n'a pas pu établir clairement les faits).

Il explique dans le Rapport annuel de 2017 (p 130) que : « Bien que ces demandes concernent des situations individuelles, les réponses ou l'absence de réponse des ministres concernés aux recommandations du Défenseur des droits pourraient être interprétées comme une tolérance problématique vis-à-vis de certains manquements à la déontologie de la sécurité. »

Le Défenseur des droits déplore encore, dans son Rapport de 2017 (p 113) qu'il y ait parfois violation « des principes d'impartialité et de non-discrimination dans l'exercice des missions de sécurité. » Ainsi, il explique qu'il a été saisi d'une réclamation relative à une consigne qui avait été diffusée, en 2014, aux effectifs d'un commissariat de police parisien, aux termes de laquelle il était notamment demandé aux agents d'évincer systématiquement les familles roms vivant dans la rue et de recenser les lieux où ils étaient présents sur la voie publique. Il a conclu au caractère discriminatoire de cette instruction, faute de base légale. Il a demandé que l'article R 434-11 du code de la sécurité intérieure ainsi que l'article 40 du code européen d'éthique de la police, tous deux relatifs aux principes d'impartialité et de non-discrimination soient rappelés à la commissaire de police à l'origine de cette consigne.

Le Défenseur des droits conclut : « La recommandation n'a pas été suivie d'effet, le ministre de l'Intérieur estimant que ces consignes n'étaient pas discriminatoires mais uniquement rédigées en termes maladroits. » (2016-319)

c/. Cas évoqués dans le rapport d'activité de 2018 (pp 62 et 63)

Les saisines liées aux manifestations contre le projet de loi « travail » peuvent être prises comme exemple des actions du Défenseur. Il a été saisi de 54 plaintes dont 22 (40 % de ces dossiers) ont été classées sans suite faute d'éléments suffisamment probants pour établir les faits avec certitude, et 5 (9 %) qui se sont achevées sur la conclusion qu'il n'y avait pas eu de manquement à la déontologie professionnelle. Si, à la fin de 2018, 7 affaires étaient encore en cours de traitement car nécessitant des investigations complémentaires, pour le reste le Défenseur :

- a demandé des poursuites disciplinaires pour des comportements violents de certains policiers dans 5 affaires (9 %). ; les suites données à ces demandes n'ont pas été rendues publiques par le Défenseur des droits.
- mais n'a pas réussi à faire identifier les auteurs de faits reprochés dans 15 affaires (27 %).

A ce sujet le Défenseur des droits souligne que : « les difficultés d'identification des policiers ou gendarmes mis en cause constituent un vrai obstacle au bon déroulement d'une enquête ». (p 62). De fait, chaque année, des réclamations adressées au Défenseur des droits portent sur des comportements individuels d'agents des forces de l'ordre, soit précisément désignés par un matricule, soit, le plus souvent, pointés sur une photographie ou une vidéo, prise lors de manifestations, avec les imprécisions que cela comporte. De bonne ou de mauvaise foi, les hiérarchies, interpellées par le Défenseur lors de la phase d'enquête, estiment souvent ne pas être en mesure d'identifier les responsables de certains comportements de telle sorte que des plaintes ne peuvent pas aboutir.

Dans ces conditions, les demandes de poursuites disciplinaires, en cas de non-respect des règles déontologiques, ne sont pas très fréquentes et ne débouchent pas souvent sur des sanctions disciplinaires.

C. Des opérations à l'égard de certaines catégories de personnes

Des groupes sociaux, en situation de précarité, sont marginalisés par la Société dans laquelle ils vivent et l'attitude des forces de l'ordre, à leur égard, est une des formes d'expression de cette situation. Le Défenseur des droits exerce sa mission de façon à apporter son soutien à des populations précaires, lorsque leur traitement par les forces de sécurité le nécessite.

a/. Des populations en situation de précarité

Ce sont la plupart du temps des associations qui viennent en aide à ces populations précaires, généralement incapables de se défendre, qui saisissent le Défenseur des droits pour obtenir des décisions en leur faveur.

Si, chaque année, le Défenseur des droits, saisi, a des motifs d'intervenir, la problématique a bien été développée dans le Rapport de 2018 (p 62) « Le Code de déontologie applicable aux policiers et aux gendarmes prévoit qu'ils ont pour mission d'assurer notamment le respect des lois et la protection des personnes et qu'ils sont au service de la population ».

Or, cette année-là, il a constaté, à plusieurs reprises : « le manque de considération de certains membres des forces de sécurité à l'égard de catégories de personnes (Roms, personnes sans domicile fixe, etc.), qui se traduit notamment par l'usage d'un vocabulaire inapproprié à l'occasion d'échanges ou d'instructions, d'actions de contrainte, voire d'un recours à la force en dehors du cadre légal. De tels comportements ont pour effet de stigmatiser une partie de la population, de limiter l'exercice de ses droits et de l'écarter des services publics ».

Ainsi, ce jugement découle de quelques situations dans lesquelles le Défenseur des droits a observé : que des rapports rédigés par des agents de la Régie Autonome des Transports Parisiens (RATP) (décision 2018-077), des échanges de courriels entre gendarmes, élus et services de police (décision 2018-147), ou encore de cadres d'une municipalité avec des policiers municipaux (décision 2018-196), évoquaient des « migrants », « roms » ou encore « SDF » comme des personnes indésirables dans certains espaces. Le défenseur des droits a recommandé un rappel des textes relatifs à l'égalité de traitement et à l'interdiction de discriminer aux agents concernés, dans les deux premiers cas, et des poursuites disciplinaires dans la troisième affaire.

Dans d'autres situations, ces types de comportements se sont exprimés sous forme de contraintes exercées à l'encontre de ces personnes : réalisation de contrôles d'identité indus, ou encore, éviction de lieux de vie (décisions 2018-286, 2018-014 et 2018-281).

« Dans l'ensemble de ces situations, les personnes visées ont été privées de leurs droits. Ainsi, les personnes expulsées n'ont pu bénéficier d'un accompagnement des services publics, en matière d'hébergement, de santé ou de scolarisation notamment » (p63)

Le Défenseur des droits a également constaté que des contrôles d'identité ont été détournés de leur objectif, ce qui fait que, réalisés sur des mineurs étrangers à proximité de lieux d'assistance humanitaire, ils étaient susceptibles de les priver de l'aide qu'ils venaient y chercher (décision 2018-281).

Sans nullement stigmatiser l'ensemble des forces de sécurité, il a rappelé, dans la conclusion du Rapport d'activité de 2018 : « Les forces de sécurité de l'Etat, dans ces situations, n'assurent plus leur rôle de protection de la population, elles n'apparaissent plus comme un service public de protection et leur action a parfois éloigné davantage les personnes concernées d'une réponse à leurs besoins les plus élémentaires. »

b/. Des enfants en situation de particulière fragilité

Les prises de position du Défenseur des droits sont nombreuses. Dans quelques cas concernant des enfants (contrôle d'identité, « mise à l'abri » de migrants mineurs non accompagnés, expulsion de familles en situation irrégulière avec violences faites aux parents devant leurs enfants), des recommandations ont été faites. Les suites n'ont pas été rendues publiques.

3. Une participation à la formation des acteurs de la sécurité

Des sessions de formation sont organisées par des agents du siège, par exemple en direction des promotions des élèves gardiens de la paix. Ces formations, qui ont pour objectif d'apporter des éléments de connaissance, par exemple sur les discriminations prohibées par la loi et sur l'action du Défenseur des droits, concernent le respect des règles de déontologie. En 2016, par exemple, elles ont touché 5 388 élèves policiers.

4. Donner des avis au Parlement

Le Défenseur a été amené à donner des avis au Parlement sur des projets de lois, fort nombreux ces dernières années, dans des matières touchant à la sécurité et au maintien de l'ordre.

Deux avis ont été donnés sur le projet devenu la loi du 28 février 2017, relative à la sécurité publique, par lesquels il avait émis de fortes réserves sur des dispositions du projet qui ont été néanmoins adoptées (Avis 17-02).

De même, deux avis ont été donnés sur des dispositions du projet devenu la loi du 30 octobre 2017 renforçant la sécurité intérieure et la lutte contre le terrorisme, qui tendaient à faire de l'exception la règle et remettaient en cause « d'une part l'équilibre entre les exigences légitimes de la sécurité et la garantie de la protection des droits et libertés, qui fonde notre droit pénal, et d'autre part, l'équilibre entre le rôle de l'autorité judiciaire et celui de l'autorité administrative qui se voit confier désormais davantage de pouvoirs. » (Avis 17-05 et 17-07).

5. Des recommandations pressantes

Le Défenseur des droits est conduit à faire des recommandations, qu'il est parfois amené à répéter, tant les problèmes demeurent.

1°/ La question des sanctions à apporter à certaines « bavures » a aussi fait l'objet de remarques de principe. Françoise Mothes adjointe du Défenseur, héritière de la CNDS, remarquait, dans le Rapport d'activité de 2013 (p265), juste avant de quitter son poste :

« Les sanctions, lorsque certaines ont été prises, ne sont pas au niveau de ce que peuvent attendre les citoyens victimes d'agissements graves non conformes à la déontologie, suscitant ainsi de l'incompréhension de leur part à l'endroit des institutions républicaines et des forces de sécurité, ce qui ne contribue pas à apaiser les tensions qui peuvent exister, dans certains quartiers, entre la population et les forces de l'ordre.

[...] Sur un plan plus général, au-delà des sanctions recommandées par le Défenseur des droits dans ses décisions, l'absence d'un rapport annuel de l'Inspection générale de la police nationale (IGPN) et de l'Inspection nationale de la gendarmerie nationale (IGGN) avec une relation des faits ayant motivé les sanctions ne peut que susciter des interrogations. Certes, des chiffres sur les sanctions prononcées par l'IGPN et l'IGGN sont publiés chaque année mais sans que l'on connaisse précisément les faits qui sont sanctionnés. Or la société civile ne peut, aujourd'hui, continuer à accepter l'absence de lisibilité sur ces sanctions. »

Il en est pourtant toujours ainsi.

2°/ Les questions de maintien de l'ordre ont toujours donné lieu à des recommandations importantes du Défenseur des droits, tout comme ce fut le cas par la CNDS.

Ainsi, un Rapport sur « le maintien de l'ordre au regard des règles de la déontologie », demandé au Défenseur des droits par le Président de l'Assemblée nationale, lui a été remis au début de 2018. Ce Rapport établi sous la direction de l'adjointe au Défenseur des droits, Claudine Angeli-Troccaz, en charge de la déontologie dans le domaine de la sécurité, dénonce en particulier un déficit de dialogue et de concertation dans la gestion de l'ordre public entre les acteurs, la place de plus en plus grande des actions de police judiciaire dans ce contexte et le recours à une multiplicité d'armes de force intermédiaire dont certaines sont problématiques au regard de l'exercice des libertés publiques et de l'intégrité physique.

Voici ce qu'il en a été dit par Claudine Angeli-Troccaz, dans le Rapport annuel 2018 (p59) :
« Ces travaux ont notamment mis en évidence une recrudescence des tensions à l'occasion des opérations de maintien de l'ordre et une confusion dans les missions des forces de sécurité entre la prévention et l'encadrement des manifestations, d'une part et les interpellations et la répression des fauteurs de troubles, d'autre part, au détriment de l'exercice de la liberté de manifestation et de la doctrine du maintien de l'ordre "à la française".

Des difficultés récurrentes liées à l'utilisation des armes de force intermédiaire lors des manifestations ont également été constatées et la dangerosité de ces armes "non létales" a été soulignée au regard des blessures graves, mutilations, infirmités, voire des décès qu'elles occasionnent. Nous avons ainsi préconisé l'interdiction des lanceurs de balles de défense (LBD 40X46) dans les opérations de maintien de l'ordre.

Les événements graves intervenus notamment lors de l'évacuation de la ZAD de Notre-Dame-des-Landes et des manifestations de "gilets jaunes" à la fin de l'année 2018 ont malheureusement confirmé l'actualité de nos constats et l'urgence de nos préconisations, et relancé le débat sur les armes dans le maintien de l'ordre.

Ainsi, outre l'interdiction des lanceurs de balles de défense dans ces opérations, proposition largement partagée y compris par des responsables des forces de l'ordre, la question des grenades explosives GLI-F4 lors des manifestations est à nouveau soulevée. Spécificité française dans le maintien de l'ordre en Europe, ces grenades composées d'un puissant explosif, le TNT, sont parmi les plus dangereuses de l'arsenal de nos forces de sécurité et présentent des risques disproportionnés dans la gestion des manifestations. Leur utilisation apparait donc inadaptée dans ce cadre et une décision de retrait de la dotation des forces de l'ordre doit intervenir avant qu'une nouvelle actualité dramatique ne l'impose.

Les problématiques du maintien de l'ordre doivent être appréhendées aujourd'hui moins en termes de moyens ou de "surenchère", que dans une approche de pacification de la police urbaine, conformément aux principes fondamentaux d'une gestion démocratique des foules contestataires et préalable indispensable à un exercice légitime de la force légale. »

La situation n'a guère évolué. La CNDS avait déjà souligné cette même situation dans son Rapport sur les faits de 2010, ainsi que rapporté plus haut ; de même, en ce qui concerne les demandes de poursuites disciplinaires, la situation demeure aussi insatisfaisante et cela, pour les mêmes raisons.

Chapitre 3. La défense des droits des enfants

Le Rapport d'activité de 2017 (p 73) donne la « boussole » qui oriente les activités de l'Institution : « La Convention internationale des droits de l'enfant (CIDE) pose le principe directeur selon lequel l'intérêt supérieur de l'enfant doit être une considération primordiale dans toutes les décisions qui concernent les enfants, qu'elles soient le fait d'institutions de protection sociale, d'autorités administratives ou d'organes législatifs. C'est ce principe qui guide le Défenseur des droits dans l'exercice de sa mission de défense et de promotion de l'intérêt et des droits des enfants, dans ses avis au Parlement, ses décisions ou ses recommandations aux pouvoirs publics. »

1. La diversité des réclamations

En 2018, il y eut 3029 réclamations relatives à des violations présumées de droits des enfants ou de méconnaissance de leur « intérêt supérieur », ce qui est fort peu.

Les principaux champs dans lesquels des failles ont été relevées ont été les suivants :

- 24,8 % dans les services de protection des enfants ;
- 24,0 % dans l'éducation de la petite enfance et les activités périscolaires ;
- 18,4 % en matière de santé y compris les handicaps ;
- 16,5 % dans des questions de justice familiale et de filiation ;
- 12,3 % dans les droits des mineurs étrangers isolés sur le territoire ;
- 4,0 % dans des domaines divers.

Si des enfants eux-mêmes sont parfois les auteurs de réclamations (13,4 % du total en 2018), les autres auteurs ont été : 32,7 % les mères ; 16,5 % les pères ; 16,0 % d'autres parents ; 11,0 % des associations ; 2,6 % seulement des services médicaux et sociaux (il est vrai que cette possibilité n'est ouverte que depuis une loi du 5 mars 2017 réformant la Protection de l'enfance) ; et 8,7 % d'origines diverses.

2. Les diagnostics

Les causes principales du non-respect des droits des enfants sont nombreuses. Les unes tiennent aux attitudes des personnes, les autres, à des dysfonctionnements de services publics, qui sont, en partie, le reflet des attitudes des citoyens.

Le Défenseur des droits relève le « retard » de la Société française dans plusieurs domaines.

A. La place des violences physiques

Cette préoccupation, récente dans notre Société, a donné lieu à une intervention du Défenseur des droits, en 2018. A la demande du Président de l'Assemblée nationale, le Défenseur des droits a réitéré la nécessité, selon lui, que soit inscrite dans la loi la prohibition des châtiments corporels dans tous les contextes, au sein de la famille, à l'école et dans toutes les institutions accueillant des enfants. Ceci fut « entendu » et la brève loi, de pur affichage, n°2019 du 10 juillet 2019 « relative à l'interdiction des violences éducatives ordinaires » indique, en 3 brefs articles :

que l'autorité parentale s'exerce sans violences physiques ou psychologiques ;

et que le Gouvernement remet au Parlement avant le 1er septembre 2019 « un rapport présentant un état des lieux des violences éducatives en France et évaluant les besoins et moyens nécessaires au renforcement de la politique de sensibilisation, d'accompagnement et de soutien à la parentalité à destination des parents ainsi que de formation des personnels concernés. »

B. L'insuffisante attention portée aux difficultés des enfants handicapés

La Convention internationale relative aux droits des personnes handicapées, à laquelle la France est partie prenante, dit : « La discrimination fondée sur le handicap comprend toute forme de discrimination, y compris le refus d'aménagement raisonnable ». L'obligation d'aménagement raisonnable (d'un immeuble, d'un service) consiste en une modification ou un ajustement nécessaire et approprié, lorsque cela est requis dans une situation donnée, pour que la personne handicapée puisse jouir de ses droits ou les exercer, étant donné que, le cas échéant, on peut démontrer l'impossibilité de mettre en place de tels aménagements.

Cette disposition constitue un levier que le Défenseur des droits utilise. Il intervient souvent en faveur d'enfants handicapés pour obtenir leur correcte inclusion dans le cadre de leur scolarité (mais aussi pour leur formation professionnelle et leur accès aux loisirs). Il obtient de tels aménagements, lorsqu'il est saisi, soit grâce à des règlements amiables, soit par des recommandations à des chefs d'établissements, à des maires ou à des personnes privées organisatrices de diverses formes de loisirs pour les jeunes.

Le Défenseur des droits a souligné que le suivi médico-social des enfants handicapés est défaillant. En 2018, il a recommandé à la secrétaire d'Etat chargée des personnes handicapées de prendre les mesures pérennes pour remédier aux difficultés rencontrées par les familles, ce qui ne suffit pas à dégager les fonds pour y parvenir.

C. Des insuffisances du service public de l'éducation

Le Défenseur des droits est souvent alerté sur des refus d'inscription à l'école d'enfants de familles par ailleurs discriminées en raison de leur particulière vulnérabilité économique et, ce qui va fréquemment de pair, de leur lieu et forme de résidence (campement, hôtel social). Une incontestable forme de mépris social frappe ainsi des enfants, tout comme leurs parents.

D. Des carences des services de protection de l'enfance

En 2016, le Défenseur des droits avertit, dans le Rapport annuel (pp 92 et 93) : « Les réclamations reçues cette année illustrent de manière extrêmement préoccupante l'insuffisance des moyens dédiés à la protection de l'enfance depuis la prévention jusqu'à la prise en charge des jeunes majeurs : réduction drastique des moyens alloués par les départements à la prévention spécialisée, non-exécution des décisions judiciaires de placement faute de place, défaillances dans la prise en charge des mineurs non accompagnés, manque de solutions de soins psychiatriques et médico-psychologiques, pour les enfants et les adolescents, notamment confiés à l'aide sociale à l'enfance, engorgement des lieux de rencontre enfants-parents, limitation des contrats jeunes majeurs : les illustrations sont nombreuses et se multiplient. Il constate l'engorgement des lieux offrant des dépistages, prises en charge et accompagnements à la parentalité, tels que les centres d'action médico-sociale précoce ou les centres médico-psycho-pédagogiques où les listes d'attente s'allongent. A cela s'ajoutent les insuffisances de la médecine scolaire qui concourent de manière évidente à augmenter les difficultés des enfants et des familles. La protection de l'enfance doit être l'affaire de l'ensemble des pouvoirs publics : Etat, départements, secteur sanitaire, municipalités.

Le Défenseur des droits reste mobilisé pour rendre visible ces difficultés et les conséquences qu'elles ont sur chacun des enfants concernés et met en œuvre l'ensemble de ses pouvoirs pour intervenir dans les situations individuelles et sur les problématiques générales. »

En 2018, le Défenseur des droits écrit qu'« il a rappelé à de nombreuses reprises, dans ses rapports, ses décisions, ses courriers, ses prises de parole publiques et celles de son adjointe, la Défenseure des enfants, que la protection de l'enfance doit être une priorité pour l'ensemble des pouvoirs publics , et qu'il est urgent qu'un pilotage national consacre enfin à la protection de l'enfance, en concertation avec les départements, l'attention qu'elle mérite. »

E. Des attitudes qui marginalisent des enfants étrangers

La France n'a pas seule le triste privilège de marginaliser des catégories d'étrangers, ce qui, à une époque marquée par de très fortes migrations, a bien des occasions de se faire sentir. De nombreuses situations dans lesquelles l'intervention du Défenseur des droits est sollicitée expriment des carences : atteinte au droit à l'éducation de mineurs étrangers non accompagnés de parents ; difficultés pour obtenir une prise en charge protectrice, y compris un hébergement, un accès à des soins…

3. Des règlements amiables

Dans les domaines des droits des enfants, ils ne constituent pas la solution principale aux réclamations parce que celles-ci ne désignent pas souvent un « responsable » avec lequel tenter de trouver une solution.

Néanmoins, des règlements amiables sont régulièrement réalisés, par exemple pour trouver des « aménagements raisonnables » afin de répondre à des besoins d'enfants handicapés, à l'école, en formation professionnelle ou dans le cadre de structures de loisirs.

Un règlement amiable peut être donné à titre d'illustration (2015 012144). Saisi par les parents d'un jeune lycéen souffrant de troubles psychologiques qui, après avoir fréquenté plusieurs lycées, avait réussi à trouver un établissement dans lequel il se sentait bien. Or, en raison d'une erreur des parents dans la procédure de réinscription de leur fils, celui-ci avait été transféré dans un autre lycée où il avait beaucoup de mal à s'intégrer. Ses parents avaient alors décidé de le scolariser à domicile.

Le Défenseur des droits a demandé aux services du ministère de l'Education nationale qu'à la faveur d'une place vacante, ce jeune soit scolarisé à nouveau dans le lycée de l'année précédente, ce qui a pu être fait.

4. Des décisions portant recommandations

A. Dans des domaines du service public de l'éducation

1°/ Déni du droit à une inscription scolaire

Dans plusieurs cas de refus d'inscription scolaire, le Défenseur des droits a conclu que des enfants vivant dans des campements, en hôtel social ou hébergé par des tiers, avaient été discriminés quand on avait refusé de les inscrire dans des écoles.

Ainsi, le maire d'une commune dans laquelle résidaient des enfants avait refusé de les scolariser parce que la famille était installée « illégalement » sur son territoire. Le Défenseur des droits a conclu qu'il s'agissait d'une atteinte au droit à l'éducation de ces enfants et à une discrimination. Il a rappelé au maire son obligation de scolariser tous les enfants présents sur le territoire de sa commune quels que soient leur nationalité, leur origine et leur mode de vie. Il a aussi rappelé que la résidence doit s'entendre de façon large. Mais tout ceci n'a pas suffi à faire plier le maire et le Défenseur des droits a dû transmettre ses conclusions au procureur de la République pour qu'il apprécie les suites à donner.

Constatant la persistance de ce type de difficultés dans certaines communes, le Défenseur des droits a réitéré ses recommandations en la matière à l'attention de tous les maires de France par une décision générale (2017-342) du 7 décembre 2017.

2°/ Droit d'expression des élèves

Le Défenseur des droits entend protéger les droits des enfants au sein même de l'école, notamment leur droit à se défendre dans le cas d'une procédure disciplinaire. Saisi d'une réclamation relative à une procédure d'exclusion sans audition dans un établissement d'enseignement privé, sous contrat d'association avec l'Etat, par un jeune homme de 15 ans, le Défenseur des droits a conclu qu'il y avait eu atteinte à l'intérêt supérieur et aux droits fondamentaux de « l'enfant » : celle de pouvoir présenter sa défense et d'être entendu dans toute procédure le concernant.

Il a recommandé (Décision 2017-210) au ministère de l'Education nationale de rappeler à la « communauté éducative », formée par les établissements privés sous contrat avec l'Etat, la nécessité d'appliquer une procédure disciplinaire qui garantisse expressément les droits de l'enfant, notamment celui d'être entendu pour se défendre ainsi que le principe de proportionnalité des sanctions.

B. Concernant l'accès à des soins

A la suite d'une étude effectuée par le Défenseur des droits et le Fonds CMU, en 2016, une décision-cadre (2017-235) a été articulée, concernant la prise en charge de la santé des enfants confiés au dispositif de la protection de l'enfance. Elle comporte de nombreuses recommandations générales.

Concrètement, des situations individuelles font ponctuellement, chaque année, l'objet d'interventions. Par exemple, le Rapport annuel 2018 (p 39), indique : « le Défenseur des droits ayant été alerté par voie de presse, s'est saisi d'office de la situation d'un petit enfant, qui avait été placé. Il est décédé à l'hôpital à la suite de violences parentales alors que la mesure de placement judiciaire avait été levée quelques semaines auparavant. Dans une décision (2018-197), il a formulé des recommandations au Conseil départemental responsable de l'organisation des services de protection de l'enfance concernés par ce drame et ajouté ce commentaire : « Cette situation illustre combien, dans un contexte où les moyens manquent, les premières actions négligées par les professionnels et leur hiérarchie, sont celles du travail en réseau, du partage d'informations, du travail sur les transitions dans la prise en charge, d'élaboration du projet pour l'enfant, ce qui, en l'espèce, a eu des conséquences dramatiques pour l'enfant. »

C. Concernant des jeunes étrangers

Les mineurs étrangers, non accompagnés par des adultes, se heurtent parfois à des difficultés pour obtenir une autorisation provisoire de travail qui est indispensable à la conclusion d'un contrat d'apprentissage.

Le Défenseur des droits, dans le cadre d'observations devant le Conseil d'Etat (décision 2017-069), siégeant en référé, a rappelé le caractère de plein droit, de la délivrance de l'autorisation provisoire de travail, que les mineurs aient été pris en charge par l'aide sociale à l'enfance avant ou après leurs seize ans. Fort de la décision en ce sens du Conseil d'Etat, le Défenseur des droits a adressé des recommandations aux ministres de l'Intérieur et du Travail en vue de clarifier les instructions aux préfectures (décision 2017-153).

*

* *

Mais les recommandations du Défenseur des droits ne sont pas toujours suivies, tant s'en faut.

Dans le Rapport annuel de 2018, déplorant la non prise en compte à chaque instant de l'intérêt supérieur de l'enfant, il est dit que, dans certains cas « les enfants sont des victimes indirectes de situations douloureuses impliquant notamment leurs parents, lors d'évacuations ».

« Ainsi, dans le cas d'une reconduite par voie aérienne de personnes étrangères en situation irrégulière, il a été observé que des parents avaient été portés en position horizontale, entravés par des menottes et des bandes velcro apposées sur les jambes, en présence de leurs enfants mineurs. Le Défenseur des droits a recommandé (Décision 2017-174) l'interdiction de ces techniques dans le cadre de reconduites à la frontière, et a rappelé que l'intérêt supérieur de l'enfant devait toujours être pris en compte notamment à l'occasion de reconduites de parents. »

Et le Rapport annuel 2018 conclut : « Cette recommandation reste à ce jour sans réponse du ministre de l'Intérieur. De même dans des affaires d'expulsion par les forces de l'ordre de familles de leurs lieux de vie, en présence d'enfants. », qui avaient donné lieu à plusieurs décisions (2018-014 et 2018-286).

5. Des observations en justice

Elles sont nombreuses et portent sur des aspects divers des droits des enfants.

En voici un exemple. Le Défenseur des droits, saisi depuis 2015 de la situation de jeunes exilés présents dans un parc de Lille, a présenté ses observations devant le juge des référés du tribunal administratif de Lille, dans le cadre d'une procédure d'expulsion menée à leur encontre. Le tribunal a suivi ses observations. Un plan de mise à l'abri, élaboré par le préfet, le département et la commune a été mis en œuvre en novembre 2015.

6. Des avis au Parlement

En voici quelques exemples.

En 2014 et 2015 le Défenseur des droits est intervenu (Avis n°14-08 et n°14-09) sur la proposition de loi relative à la protection de l'enfance (Avis n° 15-08) et a également émis un avis sur le texte devenu la loi du 5 novembre 2015 qui, comme il le préconisait, a permis de compléter la formation dispensée aux personnels au contact de maltraitances, par une formation sur les modalités de leurs signalements aux autorités administratives et judiciaires (Avis n° 15-14).

Auditionné par une commission du Sénat sur les infractions sexuelles à l'encontre des mineurs (Avis n° 17-13), le Défenseur des droits a affirmé son opposition à l'établissement d'une présomption irréfragable de non-consentement, inscrite dans des propositions de lois, estimant qu'elle contreviendrait au principe de la présomption d'innocence et aux droits de la défense. Il a cependant indiqué qu'il considérait le seuil de 15 ans excessif en raison de l'évolution de la Société et des pratiques sexuelles des jeunes.

La loi « Egalité et citoyenneté » a consacré le droit d'accès à la cantine pour tous les enfants dans les écoles primaires, ce que le Défenseur des droits avait préconisé, en 2015, dans un avis au Parlement. Nous avons déjà évoqué les conséquences que le Défenseur des droits en a tirées dans des cas précis.

7. Des rapports rendus publics

Le Défenseur des droits alerte l'opinion par des rapports qu'il diffuse.

1°/D'une part, chaque année, il élabore un rapport qui fait le point sur un aspect des droits de l'enfant, à partir des constats tirés de l'instruction des saisines. En voici deux exemples.

En 2016, il était intitulé : « Droit à l'éducation : une école pour tous, un droit pour chacun » et relevait que l'accès à l'école n'était pas vraiment un droit effectif pour tous en France, en particulier pour les enfants les plus vulnérables. L'effet des inégalités sociales et territoriales et des discriminations « perdure, voire s'accroît ».

En 2018, il était intitulé « De la naissance à six ans : au commencement du droit » et montrait, à son tour, la place cruciale des premières années de la vie pour le développement de l'enfant et combien il est déterminant que l'Etat ainsi que tous les acteurs institutionnels et professionnels se mobilisent pour la petite enfance. Le rapport insiste sur le décloisonnement des politiques publiques, sur la nécessité de faire de la prévention et du soutien à la parentalité une priorité absolue et, par conséquent, de garantir la pérennité du service de la PMI.

C'est exactement ce que disent, depuis des dizaines d'années, l'Académie de médecine, de nombreux rapports parlementaires et des associations, toujours sans succès.

Ces rapports sont diffusés à des professionnels et à des associations mais, afin de « faire passer les messages », la Défenseure des enfants, qui est souvent sollicitée, fait, à travers le territoire, la « promotion » des idées que ces rapports contiennent, afin d'influencer les pratiques des uns et des autres.

2°/ D'autre part, le Défenseur des droits est l'institution qui « répond », à l'égard du Comité des droits de l'enfant de l'ONU, de la mise en œuvre de la Convention des droits de l'enfant dont la France est partie, en tant que « mécanisme indépendant de suivi ». Par un Rapport, il s'agit de faire périodiquement le point sur la situation en France, par rapport aux engagements pris en ratifiant ce traité international. Ce point a déjà été évoqué plus haut.

Le dernier Rapport indépendant au Comité des droits de l'enfant de l'Organisation des Nations Unies a été présenté en 2016. Il évoque les domaines où des progrès restent à faire. Ainsi que le dit le Rapport annuel 2017 (p 73) : « Deux ans après les dernières observations du comité des droits de l'enfant à l'ONU à la France, qui dressait un constat en demi-teinte, le Défenseur des droits a souhaité faire un premier bilan de leur mise en œuvre. Malgré une volonté politique affirmée et des évolutions législatives positives, un déséquilibre persiste entre les droits consacrés par les textes législatifs et réglementaires ou les plans d'action nationaux et l'effectivité de ces droits. »

8. Conclusions

Geneviève Avenard, adjointe du Défenseur des droits, Défenseure des enfants, notant, dans le Rapport annuel 2017 (p 34), le faible nombre de saisines de l'institution dans le domaine des droits de l'enfant, malgré leur hausse récente, relevait que cette mission « reste, et de loin, le “Petit Poucet” de l'institution ».

Plus globalement, elle déclarait :
« Mon constat reste malheureusement celui d'une méconnaissance persistante de la Convention des droits de

l'enfant, dans les institutions publiques et privées, et chez les professionnels en contact avec les enfants, qu'il s'agisse de ses finalités, de ses principes transversaux, de son sens ou de la portée de ses différentes dispositions. Cette méconnaissance de la Convention a pour conséquence directe un défaut global d'appropriation des droits fondamentaux qui y sont consacrés et de leur prise en compte dans les pratiques des différents acteurs. En outre, le principe de l'intérêt supérieur de l'enfant reste mal compris, interprété, voire contesté, quand il n'est pas invoqué à des fins utilitaristes ou idéologiques… En définitive, il est très insuffisamment mis en œuvre alors qu'il devrait constituer un guide pour les différents utilisateurs et décideurs. ».

En novembre 2019, le Défenseur a dressé un constat sévère de la situation et pointé « un décalage entre les droits proclamés et les droits réels. »

Chapitre 4. Lutter contre les discriminations et favoriser l'égalité

Pendant longtemps, l'une des composantes des politiques publiques dans les domaines sociaux consistait à lutter contre les exclusions sociales ; c'était l'ère du collectif, quand il s'agissait de repérer des groupes de citoyens vulnérables ou même exclus du fait de la pauvreté, de la vieillesse, de la maladie, du handicap, et d'agir en leur faveur.

Puis, comme le souligne Patrick Gohet, adjoint du Défenseur des droits en charge de la lutte contre les discriminations et de la promotion de l'égalité, dans le Rapport annuel 2018 (pp 35 et 36) :
« Aujourd'hui, il s'agit aussi de rétablir dans leurs droits des citoyens qui en sont privés du fait, notamment, de leurs caractéristiques personnelles, de leur situation, de leur environnement… L'approche par la discrimination est venue compléter celle par l'exclusion. Ce changement est largement dû à l'évolution du droit au niveau européen. »

On relève une trentaine de critères de discriminations condamnables, répartis dans plusieurs Codes : pénal, du travail, de l'assurance maladie, de l'éducation… Ils n'étaient que 18, en 2004, lors de la création de la HALDE. L'action du Défenseur des droits est importante pour faire progresser le sens de la justice mais il y a bien loin de la stigmatisation à la condamnation et, plus encore, à la réduction de ce fléau.

1. Critères et domaines des discriminations

En 2018, l'Institution a été saisie 5 631 fois pour ce qui a été ressenti comme des discriminations. Ce n'est qu'une part très restreinte des avanies ressenties qui aboutit à des réclamations auprès du Défenseur des droits. Rappelons que nombre de personnes considèrent que cela ne sert à rien de se plaindre, pour divers motifs qui ont été exprimés dans l'enquête « accès aux droits » de 2015.

Les motifs évoqués dans ces réclamations étaient les suivants :

handicap : 22,8 %
origine, race, ethnie : 14,9 %
état de santé : 10,5 %
nationalité : 5,0 %
âge, sexe, activités syndicales et situation de famille : entre 4,4 % et 5 % pour chacun de ces motifs
lieu de résidence : 3,9 %
grossesse : 3,6 %
convictions religieuses : 3,0 %
les autres motifs invoqués (apparence physique ; orientation sexuelle ; vulnérabilité économique ; domiciliation bancaire ; identité de genre ; opinion politique ; patronyme et mœurs) : entre 0,1 % et 2,6 % chacun.

Les discriminations ont été ressenties :

pour près de la moitié dans l'emploi :
emploi privé (28,1 %) et emploi public (20,3 %) ;
dans le fonctionnement des services publics (hors éducation) : 22,3 % ;
pour l'accès à des biens et services privés : 13,5 % ;
dans l'éducation : 9,3 % ;
dans le domaine du logement : 6,5 %.

Concernant l'emploi, le Défenseur des droits réalise, avec l'Organisation internationale du travail, un « baromètre » sur la perception des discriminations. Sa onzième édition, en 2018, a mis en lumière combien la population est soumise à des harcèlements discriminatoires qui prennent la forme de propos et de comportements sexistes, homophobes, racistes, liés à la religion et à l'état de santé, y compris les handicaps.

Bref, la France est un pays où fleurissent les discriminations ; mais il n'est pas le seul.

2. Prévenir les discriminations en faisant évoluer les pratiques

Ceci est nécessaire si l'on veut espérer réduire les discriminations. La tâche, éternellement poursuivie, du Défenseur des droits, est importante. Il agit par trois canaux.

A. Influencer le contenu des lois

Le Défenseur donne des avis au Parlement lors des débats sur des projets de lois dont des dispositions touchent à ses domaines de compétence, lorsque leur contenu s'y prête. Ainsi, en 2018 (mais d'autres exemples pourraient être pris les autres années), ce fut le cas pour deux projets.

D'une part, sur le projet de loi relatif à la croissance et la transformation des entreprises (PACTE) ; il a demandé l'inscription d'indicateurs en matière de lutte contre les discriminations dans le Code de commerce ainsi que des modifications concernant des dispositions du « bilan social » dans le Code du travail.

D'autre part, sur le projet de loi portant évolution du logement, de l'aménagement et du numérique (ELAN), il a présenté des observations concernant l'accessibilité des logements neufs aux handicapés.

B. Influencer des pratiques

Comme écrit dans le Rapport 2018 : « La lutte contre les discriminations ne peut reposer uniquement sur les recours des victimes, elle doit également, pour changer structurellement la situation, mobiliser réellement les entreprises et les partenaires sociaux. »

C'est donc, comme dans d'autres domaines, par la diffusion d'instruments d'information et de formation, que le Défenseur tente de faire progresser les pensées et pratiques non discriminatoires. Ainsi :

en 2017, il a lancé un concours de courts métrages sur la thématique du harcèlement sexuel au travail, ainsi qu'une campagne de sensibilisation ;

en 2018 a été publiée une fiche, « le harcèlement discriminatoire au travail », qui doit permettre aux employeurs qui y sont sensibles, d'identifier ces situations et de réagir.

C'est dans ce même esprit que le Défenseur des droits crée des « comités d'entente ». Il y en a pour les personnes handicapées et pour les personnes âgées. L'objectif est d'associer l'Institution du Défenseur des droits avec des représentants de la « société civile », ainsi que l'on dit, pour savoir comment l'action du Défenseur des droits est ressentie et comment elle peut être améliorée.

C. Produire des connaissances

C'est, par exemple, le rôle du « baromètre » annuel sur « la perception des discriminations dans l'emploi », ou de publications telles que « Les refus de soins discriminatoires : tests dans trois spécialités médicales. (2019)

3. Intervenir pour faire cesser une discrimination

Le Défenseur intervient soit par des règlements amiables (ils sont relativement rares dans ce domaine de ses activités), soit par des « recommandations », soit auprès de tribunaux, afin d'influencer les jugements dans des cas concrets. Mais, il est souvent difficile d'apporter suffisamment de preuves d'une discrimination pour obtenir une condamnation pénale et/ou un changement d'attitude (avec réparation), grâce à une intervention du Défenseur des droits (effectuée par le Siège ou par un délégué).

La majorité des discriminations ressenties, parce qu'elles sont souvent hypocrites et masquées, demeure impunie.

A. Des discriminations dans l'emploi

Nous évoquerons ici trois fondements aux discriminations dans l'emploi. Les unes résident dans l'origine des victimes, d'autres frappent les femmes lors d'une grossesse, et d'autres encore frappent des handicapés ou des personnes ayant des problèmes de santé. Voici quelques exemples d'interventions du Défenseur des droits.

1°/ Une discrimination fondée sur l'origine

En 2017, le Défenseur des droits a eu à connaître du refus d'embauche d'une jeune femme parce que l'entreprise ne recrutait pas « d'Africain ». Dans le processus mis en œuvre, l'inspection du travail, au cours d'un contrôle, avait constaté l'existence d'une pochette de Curriculum vitae nommée « CV AFRIQIN » regroupant toutes les personnes d'origine africaine ou ultramarine ayant adressé une candidature à cette entreprise. Le Défenseur des droits a évidemment confirmé que le refus d'embauche de la requérante était discriminatoire, en application tant du Code pénal que du Code du travail, et a recommandé à la société de proposer à la réclamante une indemnisation de son préjudice et de modifier ses méthodes de recrutement. (Décision 2017-160).

De même, le Défenseur des droits a été saisi par un salarié d'origine maghrébine, lequel, après avoir dénoncé une discrimination dans le processus de promotion, a subi des agissements ouvertement racistes de divers ordres. Le Défenseur des droits a présenté ses observations (Décision 2016-269) devant le conseil des prud'hommes qui a reconnu la discrimination en raison de l'origine et condamné l'employeur à réparer le préjudice subi par le salarié.

2°/ Une discrimination en raison de la grossesse

L'annonce d'une grossesse, dès la phase de recrutement, peut entraîner un refus discriminatoire d'embauche. Une candidate à un emploi dans une résidence pour personnes âgées, à qui on avait proposé un contrat de travail, a vu l'offre annulée dès qu'elle a annoncé qu'elle était enceinte. Au cours de l'enquête du Défenseur des droits, la direction lui a indiqué être disposée à recruter immédiatement la réclamante. Tel fut le résultat positif d'un règlement amiable (2017-075).

Mais, plus souvent, c'est devant les tribunaux que le Défenseur des droits obtient justice pour des personnes discriminées. En voici des exemples.

Un conseil des prud'hommes a estimé, en suivant les observations du Défenseur des droits (Décision 2012-53), que le refus de renouveler un contrat à durée déterminée était fondé sur le seul état de grossesse de la requérante et était, de ce fait, fautif.

Dans un cas « connexe », la Cour d'appel de Versailles, en 2018, a repris les observations du Défenseur des droits (décision 2018-169), ce qui a permis à une personne qui se plaignait de mesures défavorables relatives à ses conditions de travail, lors de son retour de congé de maternité, d'obtenir réparation des préjudices subis.

3°/ Le Défenseur des droits est parvenu à faire reconnaitre le principe de la responsabilité de l'employeur pour l'ambiance sexiste qui peut être assimilée à un « harcèlement sexiste d'ambiance ». Ainsi, une rédactrice salariée dans un journal s'est plainte d'un environnement de travail hostile, ponctué de blagues salaces, de propos insultants envers les femmes, de photographies humiliantes affichées sur les murs, et de fonds d'écrans pornographiques. Une Cour d'appel, devant laquelle le Défenseur des droits a présenté ses observations (Décision 2016-212), a retenu la notion de « harcèlement d'ambiance fondé sur le sexe ».

4°/ L'intervention du Défenseur des droits est parfois déterminante dans le cas de discriminations frappant des travailleurs handicapés

Par exemple, un agent en voie de titularisation, dont les qualités professionnelles étaient reconnues, s'est vu opposer un avis défavorable à sa titularisation, en raison des difficultés relationnelles qu'il éprouvait, alors même que le directeur de l'entreprise avait eu un certificat médical établissant que le réclamant présentait « beaucoup de signes évoquant un syndrome d'Asperger ». L'enquête du Défenseur des droits a montré que la société avait eu connaissance de ces difficultés liées à son handicap et qu'elle n'avait pas pris les mesures permettant son maintien dans l'emploi. En raison des résultats de l'enquête (Décision 2017-38) du Défenseur des droits présentée devant les prud'hommes, la société a réintégré le réclamant.

L'intervention du Défenseur des droits a plusieurs fois conduit des tribunaux à juger que des handicaps étaient les seuls motifs à l'origine de difficultés de déroulement de carrière : handicap psychique (décision 2015-203) ou harcèlement moral d'un handicapé (décision 2015-044) qui auraient pu être compensés par des aménagements de postes.

5°/ Remarque sur les discriminations à l'embauche

Malgré les décisions positives obtenues grâce aux interventions du Défenseur des droits, celui-ci a apporté une conclusion « désenchantée », dans son Rapport annuel de 2016 (pp 95 et 96), en constatant que la plupart des cas de discrimination à l'embauche demeurent non punis et, souvent, restent même non évoqués par leurs victimes. : « Force est de constater que la discrimination à l'embauche, phénomène de grande ampleur, ne trouve toujours pas de réelle traduction judiciaire et que l'action pénale reste plus que marginale. [...] L'accès à l'emploi est […] fortement marqué par les discriminations, phénomène que le contexte de crise économique n'a pas manqué d'accentuer. »

B. Des discriminations dans l'accès à des biens et à des services

Le Rapport annuel de 2016 (p 100 et 101) relevait que 21 % des saisines relatives à l'accès aux biens et services concernent des discriminations fondées sur l'origine. « L'effet néfaste des discriminations dans l'emploi, à la fois sur la vie personnelle et sur la cohésion sociale, est souvent redoublé et aggravé par les discriminations dans l'accès aux biens et services auxquelles se heurtent les mêmes personnes »

Parfois, le Défenseur des droits parvient à mettre fin à une discrimination. En voici quelques exemples.

1°/ Des étudiantes, exclues d'établissements d'enseignement supérieur ou professionnel, parce qu'elles portaient un voile, en application de dispositions figurant dans des règlements intérieurs de ces établissements, ont pu être réintégrées, grâce à l'intervention du Défenseur des droits, et la modification des règlements a été obtenue afin de ne pas renouveler les situations discriminatoires. (décisions 2018-013 et 2018-126)

2°/ Discrimination, dans le domaine du logement, fondée sur l'orientation sexuelle. Les plateformes en ligne contiennent parfois des annonces discriminatoires. Saisi par une utilisatrice qui avait trouvé l'annonce suivante : « Homosexuel, les grands fêtards, les gens trop speed, stressés sales, les drogués, les clodos, etc. Bonne continuation ; c'est pas pour moi. »

Le Défenseur des droits a rappelé à l'auteur le cadre juridique qui s'impose et a pris acte de l'engagement de l'opérateur de la plateforme d'adopter les mesures nécessaires pour lutter contre les annonces discriminatoires. (Décision 2017-036)

3°/ Discrimination dans le domaine du crédit. Dans certains cas, l'intervention du Défenseur des droits débouche sur une transaction pénale. Cette procédure a été utilisée à l'encontre d'un établissement de crédit qui avait refusé un crédit à la consommation offert chez un opticien, à une personne vivant en foyer. Ceci a été identifié comme une discrimination fondée sur le lieu de résidence et la particulière vulnérabilité économique (deux critères de discrimination). La transaction a été accompagnée de dommages-intérêts et de mesures destinées à faire cesser cette pratique dans toutes les succursales de la banque ; (Décision 2017-304).

4°/ Discrimination dans le domaine sanitaire

Le Défenseur des droits a été saisi de réclamations en raison de refus de soins opposés par des cabinets dentaires à des personnes dont les noms avaient des résonnances maghrébines. Dans un cas, que le Défenseur a pu instruire, il a porté les faits constatés par son enquête à la connaissance du procureur de la République et saisi le Conseil de l'Ordre des chirurgiens-dentistes en application de l'article 29 de la loi organique (Décision 2016-006)

Une étude du Défenseur des droits et du Fonds CMU-C, menée en 2019, auprès de 150 cabinets médicaux a montré qu'une proportion des praticiens allant de 9 % à 15 %, selon les spécialités, discrimine les patients bénéficiant d'une aide à la complémentaire santé en leur refusant un rendez-vous qu'ils accordent bien à d'autres patients. Ceci a conduit le Défenseur des droits à adopter une décision-cadre sur les plateformes (2018-269).

5°/ Discrimination dans l'accès à des transports

C'est souvent le cas lorsque des personnes sont handicapées.

Ainsi, par exemple, le Défenseur des droits a été saisi d'une réclamation par une personne qui ne parvenait pas à bénéficier d'une offre promotionnelle sur un site internet de vente de billets ferroviaires, lorsqu'elle évoquait son handicap. La société gérant le site se justifiait en évoquant des difficultés informatiques que, disait-elle, elle tentait de surmonter.

Le Défenseur des droits a dénoncé une situation discriminatoire, pris acte des changements « informatiques » qui devaient survenir pour y mettre fin et a recommandé à la société gérant le site de permettre aux personnes handicapées d'accéder à tous les tarifs promotionnels. (Décision 2017-169)

6°/. Discrimination dans des espaces ludiques et sportifs

Le Défenseur est intervenu par des décisions concernant des discriminations à l'encontre de femmes portant un voile, dans l'accès à une salle de sport (décision n°2018-260), un centre nautique (décision 2018-303) ou un centre de vacances (décisions 2018-297 et 2018-301).

Dans les dossiers qu'il a traités, il rappelle que le port du voile ou du burkini pour la pratique sportive ne peut être interdit, sur le fondement d'une règle de neutralité, lorsque les responsables mis en cause n'ont pas pu établir que cette exclusion était nécessaire pour des motifs d'hygiène ou de sécurité, qui eussent justifié cette interdiction.

4. Conclusion

« Malgré le dispositif juridique mis en place au cours des quinze dernières années et en dépit des actions de la HALDE puis du Défenseur des droits, la lutte contre les discriminations en France n'apporte toujours pas les résultats escomptés. », indique le Rapport annuel de 2016 (p 95).

Chapitre 5. Des interventions intersectorielles

Le Défenseur des droits intervient dans des domaines qui ne se laissent pas enfermer dans l'une ou l'autre de ses compétences, car des dénis de droits ne connaissent souvent pas ces frontières. Heureusement, la convergence de ses compétences, par rapport à celles des Institutions précédentes, a permis d'élargir son spectre d'interventions sur chacun de ses champs de mission.

Quelques exemples seront donnés, hors règlements amiables et actions devant les tribunaux, étant entendu que certains des exemples, déjà évoqués dans les pages qui précédent, touchent, en fait, à plusieurs domaines des compétences du Défenseur des droits

C'est particulièrement le cas des mineurs étrangers non accompagnés. J. Toubon écrivait dans son éditorial du Rapport d'activité 2016 (p 4) : « Si j'ai accordé tant d'attention à la situation des mineurs non accompagnés, notamment ceux qui ont été évacués de Calais et des campements parisiens, c'est qu'elle illustre parfaitement les manquements de la République au titre d'au moins trois missions du Défenseur des droits : les droits fondamentaux des enfants en vertu de la Convention internationale, les insuffisances dans le fonctionnement des services publics, et le traitement discriminatoire des étrangers et des migrants dans des circonstances où, au mépris des droits universels, leur qualité d'étrangers est prise en considération avant leur qualité d'usager, de malade, d'enfant, de demandeur d'emploi ou de logement. »

Par ailleurs, en 2016, le Défenseur des droits a fait un rapport « transversal » par lequel il a pointé les obstacles qui entravent l'accès des étrangers non seulement aux droits fondamentaux dans ce qu'on appelle le domaine régalien de l'Etat (entrée sur le territoire, séjour et éloignement) mais aussi dans d'autres domaines où l'égalité de traitement devrait être respectée.

Cette transversalité lui a également permis, par exemple, d'intervenir devant les tribunaux en matière de contrôles d'identité discriminatoires (décision 2015-021 ; décisions de la Cour d'appel de Paris : 24 juin 2015,6016-132 ; décision de la Cour de cassation du 9 novembre 2016) ; de prise en compte des droits de l'enfant en matière d'interventions de police (décisions 2012-61 et 2016-069) ; d'évacuation et d'hébergement d'urgence de personnes migrantes et des Roms ; d'accompagnement de l'accès à l'école et à l'enseignement supérieur d'enfants et de personnes handicapées (décisions 2018-323, 2019-271) ; d'accès au droit de vote des gens du voyage, citoyens européens et des personnes mal ou non-voyantes (Service public/ Discriminations : décisions 2011-011, 2012-002,2015-127).

Chapitre 6. La protection et l'orientation des lanceurs d'alerte

Depuis quelques années, la loi et la jurisprudence ont multiplié les dispositifs de protections des personnes qui dénoncent des atteintes à l'intérêt public, que l'on appelle depuis peu « lanceurs d'alerte ». Le cumul des régimes applicables ne permet pas de faire une typologie précise des domaines où peuvent être lancées des « alertes ».. Entrent par exemple, dans ces domaines :

- la dénonciation d'infractions de corruption, de trafic d'influence, de concussion, de prise illégale d'intérêt, de détournement de fonds publics ou de favoritisme, tant dans les institutions publiques que dans les domaines économiques ;
- dans les domaines de la sécurité sanitaire et de l'environnement, les agissements susceptibles de faire courir un risque majeur ou un grave préjudice à la population.

La loi « Sapin II » (relative à la transparence, à la lutte contre la corruption et à la modernisation de la vie économique) a mis en place un régime général qui précise, en son article 6, que les faits doivent paraître constituer : un crime, un délit, une violation grave et manifeste d'une loi ou d'un engagement international ratifiés par la France, une menace ou un préjudice grave pour l'intérêt général.

155 dossiers de signalement faits par des « lanceurs d'alerte », ont été enregistrés, en 2 ans, à la fin de 2018 ; 85 % des personnes qui ont saisi le Défenseur des droits sont au travail (salariés du secteur public et du secteur privé).

La protection des lanceurs d'alerte est soumise à de multiples conditions que les services du Défenseur des droits ont expliquées dans un guide mis en ligne sur son site internet intitulé : « Orientation et protection des lanceurs d'alerte », de juillet 2017.

Bien des réclamants ignorent les limites du mécanisme. Soit ils ne savent pas que le régime de protection des lanceurs d'alerte ne s'applique pas aux faits qu'ils dénoncent lorsqu'ils sont personnellement en conflit avec leur employeur (le caractère désintéressé de leur démarche n'est alors pas avéré). Soit ils signalent à titre préventif des faits dont ils n'ont pas eu personnellement connaissance, contrairement à ce qu'exige la loi. Soit ils dénoncent des faits déjà dans le domaine public, soit ils n'ont pas suivi les règles de signalement gradué prévues par la loi.

Le Défenseur des droits informe ces personnes, non seulement sur les conditions qu'elles doivent respecter et sur les autorités auxquelles elles peuvent adresser les signalements pour faire cesser les faits dénoncés comme délictueux, mais aussi sur les obligations, notamment de confidentialité, qui pèsent sur elles, afin qu'elles bénéficient du régime de protection prévu par la loi.

Par la suite, si le lanceur d'alerte fait l'objet de représailles de la part de son employeur, le Défenseur des droits l'informe et l'aide aussi dans l'établissement de son « dossier », car il bénéficie de l'aménagement de la charge de la preuve pour établir que le traitement défavorable dont il fait l'objet fait suite à l'alerte qu'il a faite.

Dès lors que cette personne a présenté des éléments de fait permettant de présumer qu'il a respecté les conditions de signalement prévues par la loi et relaté ou témoigné de bonne foi de faits constitutifs d'une atteinte grave à l'intérêt général, c'est à son employeur qu'il appartient d'apporter la preuve que la mesure défavorable dont il se plaint (baisse de rémunération, licenciement, sanctions disciplinaires, etc.) repose sur des éléments objectifs qui sont sans lien avec l'alerte.

C'est l'enquête menée par les services du Défenseur des droits qui vise à établir si la mesure défavorable contestée par le lanceur d'alerte est ou non en lien avec l'alerte donnée. Ces éléments du dossier peuvent éclairer le juge si le lanceur d'alerte se trouve devant un tribunal.

Deux ans après l'adoption de la loi du 9 décembre 2016, le Défenseur des droits a écrit, dans le Rapport annuel, qu'« il poursuit ses échanges avec les autorités publiques pour faire évoluer les contours de la législation, la rendre plus claire, opérationnelle et lisible, afin d'offrir toutes les garanties de protection aux lanceurs d'alerte. »

Cette activité étant couverte par la discrétion, pour ne pas dire le secret, aucun exemple concret ne peut être donné de cette activité du Défenseur des droits.

Sixième partie. Promotion des droits et plaidoyer

Il s'agit de mieux « former » à la connaissance des droits, mais aussi, et c'est différent, de faire connaitre l'existence de ces droits et les bonnes pratiques qui doivent accompagner leur prise en compte.

Promouvoir l'accès des citoyens aux droits est une modalité d'action du Défenseur des droits qui opère par différents canaux et une grande variété d'outils. Leur impact sur la Société française est impossible à mesurer.

1. Les rapports, guides et autres outils de promotion

Les études servent à « créer de la connaissance » sur les sujets dont le Défenseur des droits est chargé, pour documenter les difficultés sur le terrain, l'ampleur et l'impact des atteintes aux droits et la réalité des discriminations, au-delà d'affirmations générales. Les rapports réalisés par le Défenseur des droits permettent de produire de l'expertise sur les sujets soulevés par les saisines.

L'ensemble sert aussi à « interpeller » les citoyens, afin de les aider dans leur demande de respect des droits, dans le cadre de leurs activités et/ou de leurs positions de responsabilité, à partir de documents de qualité.

En 2016, par exemple, en s'appuyant sur ses saisines, « décisions » et avis au Parlement, le Défenseur des droits a publié un rapport sur les droits fondamentaux des étrangers en France, dans lequel il a relevé les nombreux obstacles qui entravent l'accès des étrangers aux droits fondamentaux, dans le domaine régalien de l'Etat (entrée, séjour et éloignement des étrangers), mais aussi dans d'autres domaines d'accès aux droits où devrait être respectée une égalité de traitement entre étrangers et nationaux. Le rapport comprend des « recommandations » au gouvernement et aux opérateurs d'accès aux droits, tendant à modifier certaines législations et réglementations, mais aussi des pratiques discriminatoires et illégales.

En 2018, un rapport, également issu d'un nombre considérable de saisines et de travaux d'approfondissement, a été publié, sur la « Dématérialisation et inégalités d'accès aux services publics ».

Ont aussi été édités des guides, rédigés par des groupes de travail réunissant des compétences complémentaires, qui visent à faire adopter de « bonnes pratiques ». Par exemple, en 2017 :

- « Agir contre les discriminations liées à l'orientation sexuelle et à l'identité de genre dans l'emploi »
- « Emploi des personnes en situation de handicap et aménagement raisonnable », des lieux et postes de travail.
- « Agir contre les discriminations et le harcèlement dans la fonction publique territoriale »
- « Louer sans discriminer ; un manuel pour professionnaliser ses pratiques »

Mais le Défenseur des droits produit en très grand nombre (par centaines de milliers chaque année) bien d'autres outils de communication, généralement brefs afin de pouvoir être lus par beaucoup de gens, qui sont disponibles dans les permanences des Délégués, dans les mairies, dans des centres sociaux, etc. Ainsi, en 2018, par exemple :

- des affiches, des dépliants et des vidéos ont alimenté une campagne contre le harcèlement sexuel ;
- des affiches, des jeux et une campagne de communication sur les droits de l'enfant ont visé à sensibiliser l'opinion sur les droits de l'enfant ;

- une « fiche pratique » à destination des employeurs sur les bonnes pratiques à mettre en œuvre a été publiée à l'occasion de la publication des résultats du 12ème Baromètre OIT sur le harcèlement ;
- un dépliant d'information et une fiche pratique à destination des professionnels de soins ont visé les refus de soins.

Ont le même objectif les interventions dans la presse écrite et radiodiffusée.

2. La promotion des droits par et à destination des jeunes

De longue date, l'Institution a adoubé des « Jeunes Ambassadeurs des Droits auprès des Enfants » (les JADE). Les JADE sensibilisent des enfants et adolescents à la lutte contre les discriminations et aux droits spécifiques des enfants. Leur nombre, au début de 2020, dépasse la centaine mais ils ne sont pas présents dans tous les départements. Le développement de ce programme nécessite la collaboration du ministère de l'Education, des collectivités territoriales et d'associations agréées du Service civique. Sous la tutelle de Délégués, ils ont pour mission de faire progresser la connaissance des droits des enfants, avant tout dans diverses structures : collèges, lycées, centres d'accueil de loisirs.

Outre cet instrument d'action en développement lent mais constant, le Défenseur des droits a produit, en 2017, des fiches pédagogiques dénommées Educadroit, devant servir de base à des enseignements dans des écoles élémentaires et des collèges.

3. Des actions de sensibilisation de la population

Des agents du siège tout comme des délégués interviennent par interviews dans la presse ou dans des réunions qu'ils suscitent ou auxquelles ils sont conviés. Quelques manifestations plus importantes ont mobilisé quelques jours des juristes du Siège et des Délégués pour des opérations « Place aux droits ! », qui ont débuté en 2017, dans de grandes agglomérations et qui se sont poursuivies depuis lors.

4. Des actions de formation

Des agents du Défenseur des droits animent des actions de formation pour mieux faire connaitre les compétences de l'Institution mais aussi pour faire évoluer des pratiques professionnelles des personnes auxquelles il s'adresse. Ainsi, des interventions et des sessions de formation ont lieu auprès de publics très variés, notamment :

- des personnels des forces de sécurité (police nationale ; gendarmerie ; polices municipales ; agents de sécurité de la SNCF…) ;
- des acteurs du monde de l'éducation ;
- des personnes investies dans la protection de l'enfance ;
- des élus locaux ;
- des fonctionnaires territoriaux.

Septième partie. Les remarques solennelles d'une « vigie »

Comme les responsables des Institutions qui l'ont précédé, le Défenseur des droits s'exprime comme observateur vigilant d'aspects importants du « vivre en Société », avant de lancer des cris d'alerte sur des dérives qu'il considère comme graves. La fonction de « vigie » a été affirmée en ces termes dans le Rapport d'activités de 2016 (p 48) : « Le Défenseur des droits est attentif à la situation des droits en France et exerce son rôle d'alerte. »

Voici quelques exemples de ces alertes aux Pouvoirs publics mais, plus largement, à l'opinion citoyenne.

En 2018, pour s'en tenir à des propos récents, le Défenseur des droits a tenu à « alerter les pouvoirs publics » par de nombreux constats dans son Rapport annuel (pp 15 et 16) :

« Des services publics qui disparaissent, des inégalités qui augmentent et des droits fondamentaux qui régressent [...] En 2018, le Défenseur des droits a constaté, une fois encore, aussi bien au niveau local par l'intermédiaire de ses 501 délégués, qu'au niveau national par les services centraux de l'institution, les effets néfastes de l'évanescence croissante des services publics sur les personnes pour lesquelles ils constituent souvent le principal recours.

Cette situation s'amplifie année après année et n'épargne plus personne, y compris les usagères et usagers jusque-là aptes à y faire face., et touche toutes les strates de la société.

Elle constitue une source profonde d'inégalités, de ségrégation et de relégation et présage d'une régression préoccupante des droits fondamentaux remis en cause par l'affaiblissement des libertés fondamentales menacées par le développement sans précédent d'une logique sécuritaire visant à faire face, non plus seulement à la menace terroriste, mais aussi aux troubles sociaux qui accompagnent cette évolution. »

L'année précédente, les accents étaient tout aussi alarmistes et couvraient un ordre plus large encore de préoccupations, sous le titre « le Défenseur des droits, vigie de la sureté et des libertés », il est dit dans le Rapport annuel (p 108) :

« L'année 2017, comme les années précédentes, a été marquée par la prégnance de la menace terroriste sur notre territoire et la volonté politique de renforcer la sécurité des citoyens par l'adoption de nouvelles mesures restrictives des droits et libertés. Cette évolution s'est parfois fondée sur une confusion du droit à la sécurité et du droit à la sureté, voire a conduit à ériger le premier en droit fondamental. Or, seul le droit à la sureté, qui vise à protéger le citoyen de l'arbitraire de l'Etat, compte parmi les droits naturels et imprescriptibles consacrés par l'article 2 de la Déclaration des droits de l'homme et du citoyen de 1789. Il est un préalable à l'exercice effectif des droits et libertés sans lequel il ne peut exister de véritable sécurité individuelle ou collective. Dans le cadre de ses missions, le Défenseur des droits veille à ce que cet équilibre ne soit pas mis à mal par des politiques sécuritaires qui peuvent présenter des risques d'abus et de dérives arbitraires. »

Et l'année suivante, dans le Rapport annuel (p 31) : « En France, parallèlement au recul des services publics, s'est implantée une politique de renforcement de la sécurité et de la répression face à la menace terroriste, aux troubles sociaux et à la crainte d'une crise migratoire alimentée par le repli sur soi. Ce décalage entre la promesse de la Déclaration des droits de l'homme et du citoyen et la réalité, marquée par l'érosion du socle commun des principes et valeurs de l'Europe et le recul des libertés fondamentales, transparaît au travers de nombreuses réclamations reçues par le Défenseur des droits et semble s'être accentué depuis l'instauration de l'état d'urgence en 2015. »

Conclusions

Dominique Baudis lui-même, dans le dernier éditorial qu'il a écrit, dans le Rapport annuel de 2012 (p 6), exprimait sa vive inquiétude devant l'évolution de la société en même temps que sa conviction que l'institution qu'il dirigeait constituait au moins un barrage contre l'aggravation des situations :

« Par ces temps de crise, alors que tout devrait être mis en œuvre pour privilégier le dialogue et l'écoute dans notre société, il apparaît que celle-ci se fait souvent plus rude, notamment envers les plus faibles. Lorsque chaque jour plus de 1000 personnes se retrouvent au chômage, quand 20 % des titulaires de comptes en banque sont à découvert en fin de mois, et alors qu'un enfant sur cinq vit sous le seuil de pauvreté, la société ne peut pas être en harmonie avec elle-même. Au contraire, mettant à mal certains des principes de cohésion sur lesquels elle se fonde, la société peut être perçue au mieux comme indifférente ou pire, comme brutale avec les plus vulnérables. [...] C'est par exemple une femme de plus de 90 ans "mise à la porte" de sa maison de retraite, ou bien une enfant de 5 ans "exclue" de la cantine scolaire sous les yeux de ses camarades. C'est aussi le cas de cette famille pauvre à laquelle il a été demandé de quitter un espace culturel car sa présence gênait les autres visiteurs. C'est encore la situation d'enfants qui ne peuvent aller à l'école à cause de leur handicap et parfois en raison de leurs origines. Ce sont aussi les victimes d'infractions diverses auxquelles policiers ou gendarmes opposent un refus de recueillir leurs plaintes alors même que la loi le prévoit. Ce sont encore ces jeunes femmes sommées entre l'emploi et la maternité ou ces personnes dites âgées qui se voient écarter peu à peu de l'accès au logement, au crédit...

Ces hommes, ces femmes, ces adultes, ces enfants, ces Français, ces étrangers, tous sont victimes de cette violence institutionnelle qui crispe les relations, exacerbe les conflits et pousse ceux qui sont dans la précarité à des actes de révolte ou de détresse.

“Mettre à la porte, exclure, quitter, expulser, écarter…” sont des mots qui me frappent. Ils témoignent d’une société qui croit se protéger de la crise par des mécanismes d’exclusion. Mesurer les difficultés ne veut pas dire qu’on les règle. Au contraire, en les cachant, on les laisse s’aggraver. Une société du déni s’installe, nourrie de renoncements et le découragement. Au milieu de ces difficultés, une voie d’accès au droit était plus que jamais nécessaire, une voie permettant un accès tout à la fois simple, proche et efficace grâce à des modes d’intervention diversifiés au service de la protection des droits et de leur promotion ».

Qu’en est-il quelques années plus tard ? Les témoignages du Défenseur lui-même, Jacques Toubon, constituent des références incontournables.

En 2016, il écrivait dans son éditorial du Rapport annuel (p 3) « Le non-recours au droit est un phénomène majeur dans notre société. Il s’explique par un certain retrait du service public et particulièrement par une réduction des fonctions d’accueil, d’orientation et d’assistance, au profit de procédures numérisées. C’est ainsi que le Défenseur des droits se trouve chargé de rendre effectifs les droits des plus vulnérables, en particulier les plus pauvres, âgés ou handicapés, qui subissent encore davantage ce recul du service public.

Plus profondément, les inégalités entre individus et groupes produisent elles-mêmes ce phénomène de non-recours. On le voit en particulier en ce qui concerne la lutte contre les discriminations. Dans la réalité, elles perdurent : une proportion réduite de celles et ceux qui les subissent les ressentent comme telles, et un nombre encore plus faible s’adresse à l’une des voies de recours ouvertes par le droit.

La faiblesse des politiques publiques de lutte contre les discriminations n'est pas étrangère à la méconnaissance des réalités et à l'ignorance des procédures […]

L'effectivité des droits peine à être assurée et d'autant plus que les tentations de repli, de refus d'appartenance, et le recul de l'esprit républicain, s'installent chaque jour d'avantage. »

Dans cette situation qui évolue mal, l'institution du Défenseur des droits constitue un point d'accroche indispensable ainsi qu'il l'écrivait en 2017 (p 3) :

« En s'efforçant de faire respecter, inconditionnellement, à l'égard de toutes et de tous, les droits et libertés fondamentales, le Défenseur des droits a une ambition élevée qui peut sembler dérisoire en nos temps de tumulte : prêter attention aux conditions humaines, recommander aux responsables, aux décideurs, aux juges, de faire attention, de ne jamais détourner le regard. Pour moi, le droit est le ciment d'une commune humanité sans cesse à construire. »

Mais il estimait que si la fonction de l'Institution « Défenseur des droits » est essentielle, son efficacité est cependant limitée « Le recours au Défenseur des droits, quoique très inférieur à l'ampleur des défaillances et des discriminations, constitue un symptôme évident des maux collectifs dont souffrent des millions de personnes vivant en France, celles qui ont le sentiment que la République, son service public, ses lois, ses droits, ne bénéficient pas également à tous et à toutes.

Le Défenseur des droits a ainsi vocation à protéger, par l'effectivité des droits, celles et ceux que le discours de l'identité, la rétractation de la chose publique et la tension des rapports de domination tendent à "laisser pour compte".

C'est l'expérience que souvent, nous avons de la société française. Cependant, si notre réponse comporte quelque efficacité, elle reste ténue et variable.

Combien ne connaissent plus la considération et n'ont plus guère de souci de la dignité égale de tous les individus. […] Notre pays préfère la distinction à l'intégration, la concurrence à l'inclusion ; la pétition de l'universalité continue d'adorner les estrades publiques mais la réalité des politiques la compromet chaque jour un peu plus. »

Enfin, l'éditorial du Rapport annuel de 2018 (p 2) conclut ces observations :

« Près de cinq ans après que j'ai pris la fonction de Défenseur des droits, le double rôle que joue l'institution dans la société française m'apparaît de plus en plus clairement : sismographe de la demande sociale, révélateur des craquements, des fractures d'un peuple écartelé entre la planète et le village ; alarme, porte-voix, témoin du déclin des droits fondamentaux et de leur inégale effectivité. Le Défenseur des droits a ce double rôle car partout en métropole et outre-mer, par son réseau de délégués, par le traitement de près de 100 000 demandes annuelles, par ses partenariats avec la société civile, par la réalisation d'études scientifiques, il est confronté aux défaillances des services publics, à la prévalence de certaines discriminations, à la méconnaissance de l'intérêt supérieur de l'enfant, aux manquements à la déontologie des forces de sécurité et à la fragilité des lanceurs d'alerte. »

Achevé le 20 mars 2020

Table des matières

Structures éditoriales du groupe L'Harmattan

L'Harmattan Italie
Via degli Artisti, 15
10124 Torino
harmattan.italia@gmail.com

L'Harmattan Hongrie
Kossuth l. u. 14-16.
1053 Budapest
harmattan@harmattan.hu

L'Harmattan Sénégal
10 VDN en face Mermoz
BP 45034 Dakar-Fann
senharmattan@gmail.com

L'Harmattan Cameroun
TSINGA/FECAFOOT
BP 11486 Yaoundé
inkoukam@gmail.com

L'Harmattan Burkina Faso
Achille Somé – tengnule@hotmail.fr

L'Harmattan Guinée
Almamya, rue KA 028 OKB Agency
BP 3470 Conakry
harmattanguinee@yahoo.fr

L'Harmattan RDC
185, avenue Nyangwe
Commune de Lingwala – Kinshasa
matangilamusadila@yahoo.fr

L'Harmattan Congo
67, boulevard Denis-Sassou-N'Guesso
BP 2874 Brazzaville
harmattan.congo@yahoo.fr

L'Harmattan Mali
Sirakoro-Meguetana V31
Bamako
syllaka@yahoo.fr

L'Harmattan Togo
Djidjole – Lomé
Maison Amela
face EPP BATOME
ddamela@aol.com

L'Harmattan Côte d'Ivoire
Résidence Karl – Cité des Arts
Abidjan-Cocody
03 BP 1588 Abidjan
espace_harmattan.ci@hotmail.fr

L'Harmattan Algérie
22, rue Moulay-Mohamed
31000 Oran
info2@harmattan-algerie.com

L'Harmattan Maroc
5, rue Ferrane-Kouicha, Talaâ-Elkbira
Chrableyine, Fès-Médine
30000 Fès
harmattan.maroc@gmail.com

Nos librairies en France

Librairie internationale
16, rue des Écoles – 75005 Paris
librairie.internationale@harmattan.fr
01 40 46 79 11
www.librairieharmattan.com

Librairie l'Espace Harmattan
21 bis, rue des Écoles – 75005 Paris
librairie.espace@harmattan.fr
01 43 29 49 42

Lib. sciences humaines & histoire
21, rue des Écoles – 75005 Paris
librairie.sh@harmattan.fr
01 46 34 13 71
www.librairieharmattansh.com

Lib. Méditerranée & Moyen-Orient
7, rue des Carmes – 75005 Paris
librairie.mediterranee@harmattan.fr
01 43 29 71 15

Librairie Le Lucernaire
53, rue Notre-Dame-des-Champs – 75006 Paris
librairie@lucernaire.fr
01 42 22 67 13

www.ingramcontent.com/pod-product-compliance
Lightning Source LLC
LaVergne TN
LVHW010939061026
849535LV00007B/2481